WHAT IS
THE FUTURE
INDUSTRY THEORY?

未来文明の源流を創造する

「未来産業学」とは何か

Ryuho Okawa
大川隆法

まえがき

未来社会が現在よりも素晴らしいものになるか否《いな》かは、未来産業への積極的取り組みにかかっている。しかも、その未来産業とつり合うだけの法制度・政治経済の仕組みと、宗教的倫理が成長していることが前提となるだろう。

今回、総論的に「未来産業学」について述べたが、政治面での実現担保能力と、国際競争力を確保の上で、可能な限りの未来科学を構想し、研究していく必要があるだろう。ある意味で「未来産業学部」は、国家百年の計から三百年の計を持ちつつも、はるかなる無限遠点《むげんえんてん》を見つめなくてはなるまい。

できうる限り宇宙の秘密を明かし、未来文明の源流を創造してほしいと願っている。

二〇一三年　十月二十九日

幸福《こうふく》の科学《かがく》グループ創始者兼総裁《そうししゃけんそうさい》

幸福《こうふく》の科学大学創立者《かがくだいがくそうりつしゃ》　大川隆法《おおかわりゅうほう》

#「未来産業学」とは何か　目次

「未来産業学」とは何か

――未来文明の源流を創造する――

二〇一三年九月二十七日
東京都・幸福の科学　総合本部にて

「未来産業学」とは何か

――未来文明の源流を創造する――

二〇一三年九月二十七日
東京都・幸福の科学総合本部にて

1　「未来産業学が目指すもの」とは

司会　本日は、大川隆法総裁から、質疑応答形式で、「『未来産業学』とは何か」を賜《たまわ》ります。質問のある方は挙手にてお願いいたします。

A――　本日は、幸福の科学大学の未来産業学部に関する御法話《ごほうわ》を賜り、本当にありがとうございます。

　未来産業学部は、人々の幸福な未来社会を支えるような新しい産業をつくるために、さまざまな科学技術を生かしていく学部だと考えております。

そこで、「未来産業学」として目指すべきものや、その定義、学問領域などについて、お教えいただければと思います。よろしくお願いいたします。

未来産業学部で学ぶ内容とは

・理系人材に必要な基礎《きそ》教養を身につける

大川隆法　「未来産業学」については、それ自体の定義や内容の話もあるでしょうが、幸福の科学大学の学部としての設置も考えているため、一般《いっぱん》的な理解からあまりに離《はな》れすぎていると、少々誤解を生む可能性もあります。

そこで、前置きとして述べておきたいことは、「『普通《ふつう》の大学の理系学部において、基礎《きそ》教養として学ぶようなことは、未来産業学部の学生にも、ある程度、履修《りしゅう》させたい』という考えを持っている」ということです。

今後、さまざまな理系の学問を修め、職業に就《つ》き、どのような道に進むとしても、そのベースにはなる程度の、大学としての標準レベルの基礎教養は押《お》さえておきたいと思っているのです。

・一流の科学者も目指した「神がつくられた世界」の探究

それと同時に、幸福の科学大学における特徴《とくちょう》として、さらに二つほど付加されるべきものがあります。

一つは、「宗教系の大学である」という面です。

一般の理系の大学、あるいは理系学部においては、宗教的な常識や真理に反し、超《ちょう》自然的なものには関心を持たない唯物論《ゆいぶつろん》的な議論が横行《おうこう》、展開されているだろうとは思います。

しかし、幸福の科学大学は、いちおう宗教系の大学ですので、「神も、仏も、あの世も、何もない」というような感じで、物質の世界のなかだけを探究する、「宗教の敵対勢力としての科学」を育てる気持ちは持っていません。

一流の科学者は、「神がつくられた世界であるならば、もっと完全な答えがあるはずだ」「必ず、もっと美しい数式が出てくるはずだ」というように考えます。この世界が「神がつくられた世界」であるとしたら、「こういうふうになっていなければいけないのではないか」と考えていって、発明・発見したことが数多くあるわけです。

欧米《おうべい》でも一流の学者たちには、そうした神の存在を前提にした上で、「神が宇宙をつくられたとすれば、こうでなければいけないのではないか」というと

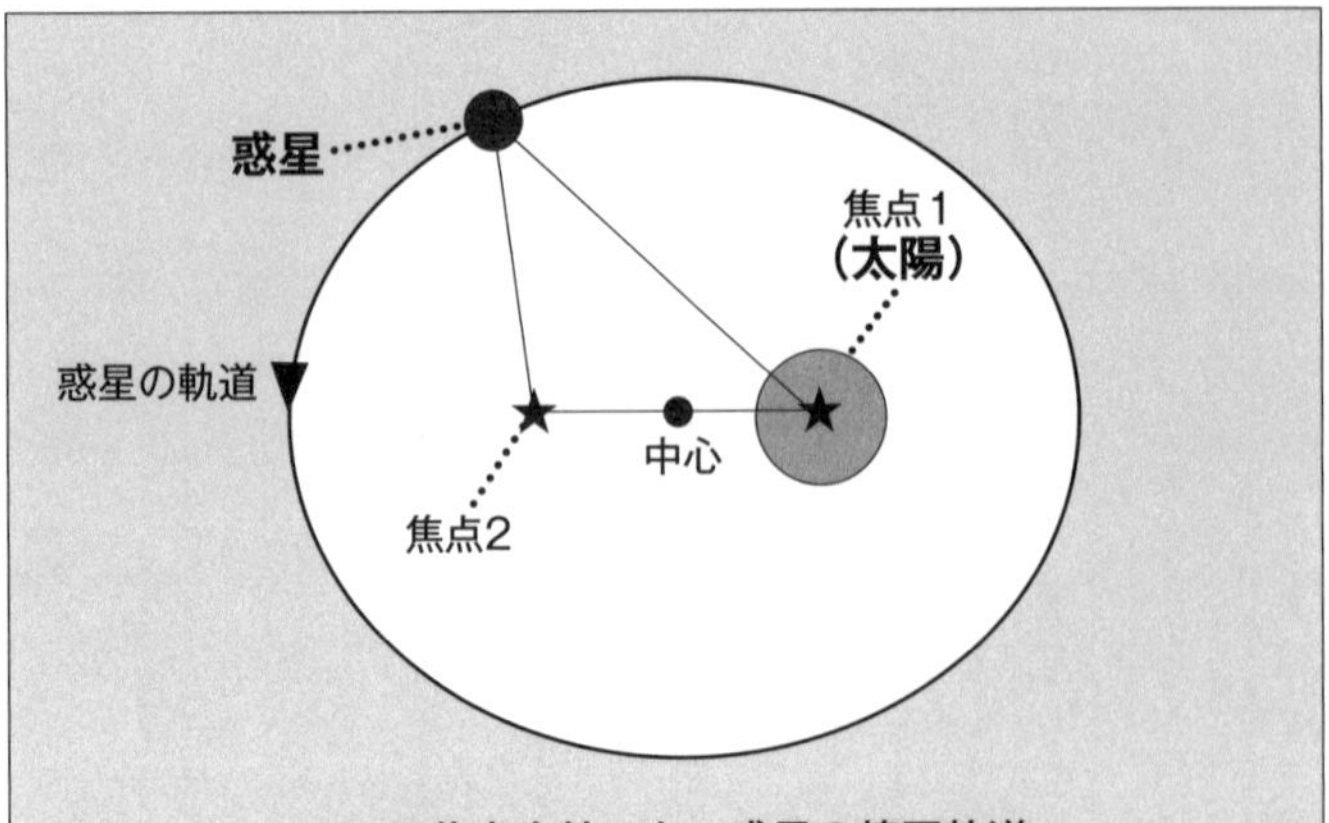

二つの焦点を持った、惑星の楕円軌道。

ころがあるのです。

なかには、それが外れた場合もあります。「神がつくったものであれば、惑星《わくせい》の軌《き》道《どう》は円形でなければいけないのに、楕円《だえん》形のような、醜《みにく》い動き方をするのは、なかなか納得《なっとく》がいかない。神様がつくったにしては、『焦点《しょうてん》が二つあり、楕円形に動く』というのは不完全すぎる」ということが引っ掛《か》かり、〝マイナス〟となる場合も、ないとは言えません。

ただ、一般的には、物理学等について考

える人のなかにも、やはり、「神のつくられた世界の完全性や美しさを、数式その他の理論で説明したい」と考えておられる方は多いように思うのです。その意味で、日本だけ、少し取り残されている感じがしなくもありませんので、「宗教的な面」とも親和性があり、至高の命題に向かっていくような「理系思考」「科学思考」でありたいとは考えています。

これが、普通の大学での理系学部とは違《ちが》う特徴の一つでしょう。

・「世界に通用する研究者」としての英語力

幸福の科学大学の特徴として、もう一つは、「国際面にも非常に力を入れている学校である」ということです。

これは、すでに開校している幸福の科学学園中学校・高等学校でも力を入れている点でありますが、大学においても、国際性というものを非常に重視したいと考えています。

語学だけを取れば、文系科目のほうに分類されるのかもしれませんが、最近では、理系であっても、国際レベルの活躍《かつやく》が期待される場合には、やはり、最低でも、英語がそうとうできることが前提になります。

この「できる」というレベルについては、当然、その対象とするものによって語彙《ごい》の違いがあるでしょう。

物理や化学《かがく》、工学、薬学などといった専門になると、英語の単語も違うため、「文系の英語の達人たちでも分からないような単語が数多く出てくる」という違いがあるのは当然のこととしても、一定レベル以上の実用英語はクリアしていなければなりません。

例えば、論文は英語で書かれたものがほとんどですので、英語ができなければ、それをタイムリーに読むこともできないでしょうし、また、海外のさまざまな研究機関が主催《しゅさい》する募集《ぼしゅう》論文等に応募するに当たっても、英語で書けなければ話になりません。

「英語で論文を書かなければいけない」という意味では、文系以上に英語力が要求される面があるのではないかと思います。

文系であれば、日本語で書いても十分に通用するのですが、理系では、日本語で書いた論文は、国際的にほとんど通用せず、評価されない面がありますので、最初から英語で書くぐらいまで行かなければいけません。

そういう意味において、その「立ち位置」における要求レベルはかなり高いものと思われます。

ましてや、海外留学もよくあることですし、今のところ、日本だけで研究するのはちょっと無理な面があり、海外の研究所等でも行わないといけません。だいたい、超一流のところは、海外のほうが開《ひら》けていることも多いので、「やがて日本でもできるようになりたい」と考えてはいます。

その意味で、「英語の『読み書き』や『話す・聞く』ができ、英語での授業を聴《き》けなければいけない」ということを考えると、「理系にしては、英語がかなりよくできる」という学生をつくらなければならないのではないかと思っているわけです。

もちろん、いわゆる英検やＴＯＥＩＣ《トーイック》などには出ないような、理系特有の語彙については、大学のなかで、専門学部の先生がたに教えてもらわなければいけないでしょうが、それにしても、国際ビジネスマンができる英語レベル以上でなければ、おそらく、研究者として一流までは行かないだろうと思います。

・「宗教性」と「国際性」を持った理系人材の輩出《はいしゅつ》を

要するに、一つには「宗教性」、すなわち、「神の存在を前提にした宇宙や世界観を否定しないかたちで、真理を探究していく姿勢を持っていただきたい」ということと、もう一つは「国際性」、すなわち、「最低限、自由自在に研究ができ、仕事ができるところまでの英語力をつけていただきたい」ということを考えているのです。そのため、この部分の重みが少しだけかかります。

宗教面については、レベル差があるでしょうが、文系学部に比べれば、やや軽くなるかとは思います。これは、ある意味での教養の一部であると考えていただいても結構です。「世界で通じる人材」の中身の一つとして、人文系の教養のいちばん奥《おく》にある「宗教」の部分をしっかりと持っていただければと考えています。

これが大学の学部にかかわる「未来産業学」についての説明です。

「未来文明の源流」を開拓《かいたく》する

大川隆法　次に、大学の学部という概念《がいねん》を超《こ》えて考えているところの「『未来産業学』とは何か」ということについて述べていきましょう。

ただ、やはり、実際上の大学運営には発展段階があり、現実的な諸問題を乗り越《こ》えていかなければならないでしょうから、これから私が述べることについては、新年度の新入生から、すぐに取りかかれるようなものとは思っていませんので、あくまで「将来への夢」だと考えてください。要は、「それをどのようなかたちで手繰《たぐ》り寄せてくるか」ということが仕事であると考えます。

そこで、遠い未来のことか近い未来のことかはぼかしつつも、「『未来産業学部』というものをつくるのであれば、理念的にはこういうものではないか」ということについて、私の「夢」のレベルではありますが、その思いの一端《いったん》を述べたいと思います。

・「他大学が踏《ふ》み込《こ》まない分野」を開拓《かいたく》してこその新学部

さて、その内容ですけれども、ニュートリノの観測装置「スーパーカミオカンデ」のように、「山をくり抜《ぬ》いて巨大《きょだい》な水のタンクをつくり、宇宙から来る素粒子《そりゅうし》をつかまえる」といったことを始めたら、大学は〝潰《つぶ》れる〟と思われますので、いきなり、そういうことはできません（笑）。

まあ、そういう極端な話は別として、基本的に考えていることですが、ほかの大学ですでに研究されており、今後も研究が続いていって十分に成功すると思われる分野については、実を言うと、あまり関心がないのです。

私が関心を持っているのは、予算担当の方にとっては非常に胃が痛むほうへ近づいていくようなものではあるのですけれども、やはり、「これからの『未来文明の源流』になるものを研究しないで、どこを研究するのか」というところです。

ほかの理系学部が「非現実だ」「空想だ」「そんなことありえないよ」などと言って、まだあまり手が出ないようなところにチャレンジしていかなければ、やはり、新しい学部をつくる意味はないのではないかと、基本的には思っています。

すなわち、「今はまだ、この世にはほとんど存在していないもの」、あるいは、『こんなものがあったらいいな』といった端緒《たんしょ》、きっかけのようなものはすでにあっても、まだかたちにはなっていないもの」、要するに、正式に、カチッとした〝産業のレール〟の上を走っていない、そうした分野を開拓《かいたく》せずして、新しい大学で未来産業学部をつくる意味などないと考えているのです。

要するに、「二十一世紀まで来た人類として、少なくとも理系頭脳を有している人ならば、興味関心を持ち、惹《ひ》かれてしかたがない」というようなところに対しては、徹底《てってい》的に斬《き》り込《こ》んでいくのが基本姿勢です。

・「企業家的才能《きぎょうか》」をも備えた理系人材の養成

しかし、現実に、さまざまな機械や装置等を入れて、それを実現しようとすると、国家レベルの大事業になったり、地方公共団体の力を借りたり、巨大な企業《きぎょう》と提携《ていけい》してのプロジェクトでなければできないことも多かったりすると思われます。

そこで、幸福の科学大学の理系学部においては、理系の研究者的な面もあろうかとは思いますが、同時にまた、「企業家的才能」もある人をつくっていきたいと思っているのです。

企業家として、新しいものをつくり、それを産業に育てていくだけの大きな目を持っている人であれば、文系ではなくても、国家や地方公共団体、あるいは大企業等のプロジェクトにおいて、企画・原案を示し、彼らとの協調や、根回し等ができるようになってほしいのです。

実際に企業へ乗り込んで自分のプランを説明し、「これが、十年後、二十年後、五十年後に、どれほど大きな国の富となるか。会社の富となるか。世界の富となるか」ということを説得できるぐらいの人材であっていただきたい。そういう意味での協賛を募《つの》れるほどのネゴシエーション力を持ち、かつ、それを現実に実現していく力を持った理系人材であっていただきたいと思います。

おそらく、自分のプランを説明しても、銀行には理解してもらえないことがほとんどで、やはり、そうした理系部門の産業をやっている企業でなければ、理解は不能であろうと推定されます。そこで、そういうところと相談し、向こうからも、「ジョイント（提携）で行きたい」という意向を何とか引き出し、銀行からお金を借りるのは企業のほうにお願いするわけです。

将来、それが具体化し、産業化したときには、やはり、企業のほうにも利益が出るでしょうから、それまでの基礎研究に耐《た》えなければならない時期がありますし、試作実験の時期もかなりあるでしょうが、「それを一緒に耐えてくださるところはないか」といった点も考えた上で、やっていきたいと思います。

・「文明の進化度」は理系の技術や成果で測られる

とにかく、「新文明の源流」となるその基礎は、文系の人には残念なことですが、やはり、理系の技術、あるいは、その成果にあると言うべきでしょう。それによって、「文明の進化度」は測られるのです。

私も文系出身ですが、いくらら勉強ができ、「秀才《しゅうさい》だ」と言われても、理系の部分の発達していない文系の人が、離れ小島にポンと置いていかれたら、たちまち〝原始時代〟に戻《もど》ってしまい、何もできないというのが実状でしょう。

正直に言って、無人島に送り込まれたら、東大の文系を出ていたとしても、電気もつくれなければ、ランプもつくれず、何もできないというところではないでしょうか。

そういう物ができて、それを人が使い始め、何らかの産業が起こり、生活が成り立ってくれば、文系の仕事も発生するのですが、その最初のインフラをつくったり、発明・発見をしたりする部分については、文系ではほぼ不可能に近いところがあります。

その意味では、「理系であっても、やはり、〝神の領域〟に挑戦《ちょうせん》しているのだ」という気持ちは持っていただきたいと思います。

未来産業学の課題①——世界の危機を救う「食料問題」の研究

・「この世において有用な技術」への取り組み

大川隆法　幸福の科学大学の理系は、「未来産業学部」という一学部で始めますが、最終的には、さまざまな領域において、将来性が見込めるところに進出していきたいと考えています。

現実的に役に立つ部分も発明・発見・開発し、現に使えるもの、有用なものを、多少はつくり出していけるところがないと、信用もつきませんし、支持も受けられないでしょう。

その意味で、この世において役に立つ技術のようなものにも、十分に取り組んでいくつもりです。

そうした実用性のある部分を一部には持ちつつも、基礎研究といいますか、理系の本来目指すべき、いちばん奥の部分、〝奥の院〟まで、できるだけ攻《せ》め込んでいきたいという気持ちを持っています。

・「工場でつくる野菜」と「陸上で養殖《ようしょく》する海水魚」という発明

この「役に立つ部分」とは、どのようなものでしょうか。

例えば、すでに何度か紹介《しょうかい》していますが、幸福の科学の信者が始めた「野菜工場」のようなものもそうでしょう（「ザ・リバティ」

屋内の人工光と水耕栽培《さいばい》で、清潔で安定的な生産を実現した野菜工場。

〔幸福の科学出版刊〕二〇一一年1月号参照)。

それ以外にも、海でしか養殖《ようしょく》できなかった魚を、陸でも養殖できるようにする研究をしている方もいます(「ザ・リバティ」二〇〇九年3月号参照)。海水魚も、淡水魚《たんすいぎょ》と同じように、室内のプールでも養殖できるようにするわけです。

例えば、クロマグロを屋内でも養殖できるように、真水にある種の成分を加えた水(好適環境水《こうてきかんきょうすい》)によって育てる研究がなされており、これも、だんだん実用化してくるでしょう。

こうした技術にしても、もし、養殖によって屋内でも魚が獲《と》れるようになれば、砂漠《さばく》のなかでも魚が獲れることになります。また、別の意味として、文系的には、政治や法律、外交、あるいは軍事的なものまで絡《から》んでくる国際問題を、理系的な面から解決できる可能性もあることを意味しています。

・中国やアフリカの「食料問題」をも救いうる理系の技術

例えば、隣《となり》の中国は、巨大な人口の国でありますので、とにかく、「食料資源が確保できない」ということが死活問題になっているのです。今、中国が非常に激しく海洋進出しようとしているのも、おそらくは、「漁業資源の確保」という意図も一部に入っているためだと思われます。

そこで、「自分の国の国民を食べさせていくためには、世界の果てまで魚を獲りに行かなければいけない」ということがあり、そのために軍事的な力も必要になってきて、他国との摩擦《まさつ》がたくさん起きてきているのです。

そういうときに、文系的には、外交や政治、法律の問題が数多く出てくるのですが、理系的には、別途《べっと》、「飢《う》えた国を飢えないようにする方法」を考えることができるわけです。

例えば、内陸部において海の魚を養殖してタンパク源をつくることができるようになったり、厳しい環境でも屋内で野菜がつくれるようになったり、あるいは、さまざまな穀物類の増産を可能にする技術等ができてきたりすれば、本来、文系的にやらなければいけなかったことが、別の意味で解決していく面もあるのではないでしょうか。

このように、明確に目に見えるかたちで、この世の諸問題を解決していく技術等は重要だと思うのです。

アフリカ等では、今後も、やはり、食料危機による問題、貧困《ひんこん》と飢えによる苦しみがあるでしょう。

宗教のほうで、そういう人たちへの救済の手を差し伸《の》べようとはしていますが、やはり、宗教の教えだけでは解決しないものがあります。

そうしたものに対しては、理科系統における技術等によって、飢えをなくしていくための、より生産性が高く、自給能力が引き上げられるような方法を考えていかなければなりません。

そのようなわけで、この世において非常に実用性の高い学問も、実際に考えていただきたいのです。予算的な面で見れば、ある意味での「資金回収」がついてくることにもなるでしょうし、おそらく、大学の理系学部として長く存続していくだけの〝足腰《あしこし》〟の部分にもなることでしょう。

そういう観点で、「この世のニーズを満たす部門」での実用性のあるものの学問研究も考えていきたいと思っています。

・門外漢《もんがいかん》の「農業参入」は難しいが、国の生産性向上に寄与《きよ》したい

今、日本の農業における生産性の問題については、会社が参入してもそう簡単なことではなく、「個人でやらないと、なかなかうまくいかない」と言われているものが多くあります。

会社が入ってうまくいく場合は、やはり、食料関係の会社のときぐらいのようです。

例えば、野菜ジュースのカゴメのような会社がトマトの栽培《さいばい》をやれば、ある程度うまくいくこともあります。

それは、自社の最終製品について、当然ながら、品質管理や味など、さまざまな情報・意見を持っているため、「農業としてのトマト栽培」に入っても、

やはり、素人《しろうと》ではないものがあるからです。

したがって、そういうところには、ある程度、任せても大丈夫《だいじょうぶ》な面があるでしょうが、まったくの素人が手を出すと、企業《きぎょう》が入ったとしても、失敗して撤《てっ》退《たい》となることがよくあります。

商社あたりが参入して農業をやろうとしても、もともとが企業の間に立つ〝取次業《とりつぎぎょう》〟であり、生産のほうはあまりやったことがないため、うまくできないということもあります。

このあたりの「実学としての理系」の部分も同時に考え、バランスを取っていただきたいと思います。

そのように、この世において、誰《だれ》が見ても分かり、理解できるもので、国の「生産性向上」や、世界のさまざまな危機を救うための役に立つ発明・発見を

「産業化」していく力になりたいものです。

未来産業学の課題②——国の未来を救う「エネルギー問題」の研究

・〝情緒《じょうちょ》的な脱《だつ》原発運動〟で引き起こされる「電気代高騰《こうとう》」の現実

大川隆法　また、今は、原発問題もあって、代替《だいたい》エネルギーを模索《もさく》する動きはけっこうあり、それに対するニーズもあるでしょう。このあたりについても、研究しなければいけないものがそうとうあるのではないでしょうか。

マスコミには文系の方が多いこともあり、原発問題に対し、非常に情緒《じょうちょ》的に反応しすぎている面があります。

国連常任理事国は、どこも原発を捨てずに、そのまま維持《いじ》するようですが、ドイツでは原発を捨て、代替エネルギーへの切り替《か》えに入っていますし、イタリアも原発が停止していますし、日本でも、原発を止《と》めさせようと、マスコミから強い圧力がかかっています。

要するに、先の日《にち》・独《どく》・伊《い》三国同盟の〝枢軸国《すうじくこく》〟と言われたところは、すべて、原子力の能力を奪《うば》われようとしており、原爆《げんばく》を使って勝った側の〝戦勝国〟は、いずれも原子力を維持する方向に持っていこうとしているわけです。

ドイツのメルケル首相等も、左翼《さよく》に迎合《げいごう》した原発廃止《はいし》路線で、代替エネルギーのほうに舵《かじ》を切っていますけれども、そのおかげで、エネルギー代等が非常に上がり、三十パーセントほど値上がりしているようです。企業が悲鳴を上げており、先行きの見通しは非常に厳しい状況《じょうきょう》です。左翼と組んで人気取りをしたものの、実は苦しい状態に陥《おちい》っているのです。

「フィナンシャル・タイムズ」等には、そういう記事がよく載《の》っています。ですから、「代替エネルギー」というところも、机上《きじょう》の空論では駄目《だめ》で、もう少し研究しなければいけません。

・「太陽光発電」は原発の代替《だいたい》エネルギーになりうるか

例えば、「浜岡《はまおか》原発一基分の発電量を確保するとしたら、どのようになるか」と考えたときに、「太陽光パネルを地面に並べれば、太陽のエネルギーが無限にとれる」という言い方もあるでしょうが、実際にそれだけのエネルギーを得るには、東京の山手線の外周の二倍もの面積にパネルを置かないといけないのです。

そういうことを事実として知らずに、〝情緒的に〟ものを言うのは、やはり、少々問題があるのではないでしょうか。

自宅のお風呂《ふろ》の湯を温める程度の話とは違い、産業レベルになると、そんなに簡単ではないのです。要するに、山手線二倍分の面積があっても、原発一基分の発電量しか出せないわけですから、日本のどこにそれだけの土地があるかを考えてみれば、やはり、この効率の悪さは理解できるでしょう。

また、かつて宮崎《みやざき》のほうで行われていたリニア研究のための路線のレール上に、現在は太陽光パネルが敷設《ふせつ》されていますが、ゴミや埃《ほこり》がたまると発電効率が下がるため、掃除《そうじ》も必要になります。

仮に桜島《さくらじま》の火山灰がかかっただけで発電不能になるとすれば、これは脆弱《ぜいじゃく》なシステムと言わざるをえません。発電ができたとしても、掃除要員も雇《やと》わないといけなくなるのであれば、これもまた大変なことかと思います。

・「風力発電」「マイクロ水力発電」の実力をどう見るか

それから、渡部昇一《わたなべしょういち》さんの本にも書いてありましたが、「浜岡原発一基分の発電をしようとしたら、横浜の風力発電所の二千基分もの風車がないと、それだけの力は得られない」というように言われています。

しかも、風の場合、非常に〝気まぐれ〟で、吹《ふ》いたり吹かなかったりするので、なかなか安定的な電力供給にはなりません。要《い》らないときに、やたらと発電できたり、要るときには発電できないということもあり、安定的な風力の確保は、そう簡単にはできないという問題があるのです。

それ以外にも、〝思いつき〟のようなものでは、いろいろなものがあって、例えば、田んぼの用水に浮《う》かぶぐらいの小さな水車に発電機を載せ、それで発電するようなものもあります。

・「メタンハイドレート」「シェールガス」「シェールオイル」など新エネルギーの可能性とリスク

また、これから研究の余地がまだたくさんあると思われるものとして、メタンハイドレート（海底に埋蔵《まいぞう》されている氷状のメタンガス）などもありますが、これをどこまで実用化するか。それから、シェールガスやシェールオイル（堆《たい》積岩層《せきがんそう》に含《ふく》まれるガスや石油）のようなものは、日本では、どこまで可能性があるのか。こうした問題もあるでしょう。

ただ、いずれにしても、リスクは伴《ともな》うと思われます。

原子力にもリスクはありますけれども、海底二千メートルからエネルギー源を掘《ほ》り出すリスクにも、そうとうなものがあるはずです。「本当に地震《じしん》や津波《つなみ》に耐えられるのか」といえば、それは分からないとしか言いようがないでしょう。「もう〝海猿《うみざる》〟（海上保安官による海難救助を描いた作品）の世界に入っていって、大変なことになるのではないか」という気がしなくもありません。

・「安全保障」の観点からエネルギー源の確保を考える

〈ロシアから天然ガス供給を受ける場合のリスク〉

また、「海底にパイプラインを引き、ロシアから天然ガスを運んでくる」という案もありますが、これも、「もし、政治の側でトラブルが起きたときに、エネルギーの供給ができるかどうか」というのは、やはり大きな問題です。例えば、ロシアから天然ガスを供給してもらう代わりに、何らかの「見返り条件」が来る場合もありえます。

今、シリア問題においても、ロシアはシリアに軍港を持っているがゆえに、シリアの味方になっており、アサド政権が化学兵器で国民を殺していたとしても、自らの軍事基地を守るために、アサド支援《しえん》をしていますが、こういうときに外交カードを切られる恐《おそ》れもあるわけです。

もし、アメリカが対立的に出て、日本がどうしてもそちらを応援しなければいけなくなった場合、ロシアにエネルギー面での外交カードを切られることも、十分にあるので、そういう意味での危険度はあるでしょう。「天然ガスを買っているから大丈夫だ」と思っていても、そちらを外交カードとして使われたら、信念でも、曲げなければいけなくなることがあるかもしれないのです。

これは、中ロが組んだ場合にも、当然、同じようなことが起きるでしょう。

〈中国に石油タンカー等のシーレーンを押《お》さえられた場合のリスク〉

それから、対中国では、沖縄《おきなわ》で独立運動等を起こされつつある問題がありますし、台湾《たいわん》が中国本土から押《お》さえられた場合に、中東からの石油タンカーのシーレーンを、完全に押さえられてしまい、日本に入ってこなくなるという問題もあるのです。

そうした大変な問題があるために、日本としては、台湾を防衛する方向で支援しないと危険になるのです。

また、沖縄が中国の占領下《せんりょうか》に置かれた場合にも、石油が入ってこなくなるという意味では、同じ問題が生じます。要するに、西のほうから入ってくる石油が完全に止められることになるわけです。

さらに、フィリピンやベトナムのほうまで、中国が軍事的に押さえてしまった場合には、オーストラリア方面からの鉄鉱石等、さまざまな資源の輸入も止まる恐れが出てくるでしょう。

さらに、もし、中国がハワイのあたりまでその勢力を伸ばし、アメリカを圧《あっ》迫《ぱく》するようなことがあれば、今度は、南米方面まで危険が及《およ》び、安全ではなくなっていきます。

そういうことに関し、日本の政治・経済は非常に脆弱《ぜいじゃく》であり、法律の改正や憲法の改正さえ、そう簡単ではないという状況です。

ただ、こうした「安全保障上の問題」については、文系的なアプローチもあれば、理系的なアプローチもあるわけですから、理系の分野においては、「いかにして、資源の少ないこの国が、新しいエネルギーを生み出すか」という研究が必要だと考えます。

・「未来産業の基《もとい》」となるエネルギーの開発を目指せ

日本全体において、理解が十分ではないにもかかわらず、原子力発電廃止のほうへ向かったときに、私が「待て！」と一生懸命《いっしょうけんめい》に言っていたのは、やはり、先の大戦が「エネルギー危機」から始まっていたからです。今、石油・石炭を止められたら、この国はもはや動かない状況になり、産業も潰れてしまいます。当時と同じことが起きる恐れが高まりつつあるのです。

したがって、原子力発電の汚染《おせん》による公害的なものや人体への被害《ひがい》等の意見はあろうと思いますが、もし、「代替エネルギー」を目指すのであれば、原子力に匹敵《ひってき》するか、それを超えるようなものをつくり出さなければなりません。

今、出ているような風力発電だの太陽光発電だので、日本の未来産業をつくるのは、とてもではありませんが、〝ちゃち〟すぎて無理です。

リニアモーターカーを走らせるにしても、電力量は新幹線の三倍になります。三倍の電力供給が必要であるため、最近、JR東海は、「原子力の推進」を打ち出しています。「WEDGE《ウェッジ》」（JR東海グループ発行の月刊誌）でも特集され、新聞広告で打たれていましたけれども、それを確保するには、もっと電力が必要なのでしょう。

そういう意味では、エネルギーをほぼ無限につくり出していける高速増殖炉《ぞうしょくろ》「もんじゅ」などは、本当に「夢のエネルギー」だっただけに、「あまりにも粘《ねば》りが足りなかったのではないか」という感じがしてなりません。「事故が起きたから駄目」というのではなく、「もっと安全性を高めるにはどうするか」ということを考えるのも、一つの手だと思うのです。

いずれにしても、海底エネルギーのメタンハイドレート等、さまざまなものもありますが、まだ十分ではありません。

特に、日本海方面や沖縄方面に近い所の海底油田等も、今、中国との接近戦が非常に起きやすい場所なので、今の国情で、それが十分にエネルギーの供給源となるかどうかについては、「疑問なしとしない」ということです。

もちろん、「もし、未知なるエネルギーをつくり出せるなら、それでもよい」とは思いますが、やはり、そうとう大きなエネルギー源をつくり出せなければ、おそらく、未来産業の基《もとい》にはならないでしょう。

・「原子力の維持《いじ》」をするために安全性の追究を

そういう意味で、「原子力に代替する未来のエネルギーを開発する」ということも一つのテーマではあるのですが、もう一つには、「原子力を維持《いじ》するとした場合、その安全性を極限まで高めるためには、どうしたらよいか」ということを追究するのも一つの方法ではないかと考えます。

前回のようなマグニチュード９・０の地震が起き、津波が襲《おそ》ったというような状況であれば、火力発電だろうが、天然ガスや石油・石炭だろうが、太陽光であろうが、あらゆる発電形態のものがほとんど破壊《はかい》されるのは間違いありませんので、その「程度」については、やはり理解しなければならないのではないでしょうか。

日本人は非常に感情を揺《ゆ》さぶられやすい国民なので、今、述べたような、「両面」からの「新エネルギー開発」が必要だと考えています。

未来産業学の課題③――「宇宙技術の開発」は日本の急務

・未来を拓《ひら》くために「スピード」の観点から科学を考える

大川隆法　さらに、未来を拓《ひら》くものとして必要な観点は、「スピード」です。すなわち、「あらゆるもののスピードを速めていくために、何ができるか」という観点から、科学を考えてみる必要があると思うのです。

これは、地上においては、「新幹線からリニアへ」ということかもしれませんが、空においては、「航空機」の速度の問題になるのではないでしょうか。

今は、日本からアメリカまで十数時間もかかって飛んでいますが、これが二、三時間で飛べるようになったら、ビジネス的にも、そうとうの付加価値を生むのは確実です。

例えば、スペースシャトルは、まだかなり危険性が高く、特殊《とくしゅ》な訓練を受けた人でないと乗れませんが、そういう特殊な訓練を受けなくても、宇宙まで出られるようになり、地球の裏側まで、二、三時間で行ける技術を発明できたら、世界は非常に近くなって、いろいろなものが便利になるはずです。

スペースシャトルそのものの考え方は悪くなかったでしょう。あれは、繰り返し使える乗り物だからです。宇宙に打ち上げて、それで終わりだったら、もう帰ってきませんが、「繰り返し何度も使える」という考え方自体はよかったと思うのです。

ただ、乗り物としては、まだ、安全性に問題がありますし、「一般客を乗せても行けるかどうか」という問題もあります。

アメリカでは、将来、民間人が宇宙旅行できるように、券を売り出しているところもあるそうです。「二億円ぐらい払《はら》えば、券が買える」などと言われますが、本当かどうか分かりませんし、詐欺《さぎ》かもしれません。それが、いつ乗れるのかも分かりませんし、乗れるようになったころには、もう体がヨタヨタで、「体力的に無理です」などと言われたら、どうするのでしょうか。「5G（重力加速度）ほどかかりますけど、いいですか」と言われて、「それは無理です」とあきらめるようなこともあるかもしれません。宇宙遊泳訓練でクルクル回転させられたりしてから、「ちょっと無理なようです」と言われて、「お金だけ取られて終わり」というような、〝詐欺商法〟になる可能性もないわけではないでしょう。

いずれにしても、民間人が地球の成層圏を越えて移動できるような乗り物の開発が必要になってくると思います。

・「宇宙技術の開発」を断念すれば後進国になる

民間人が宇宙に行くのには、もう少し時間がかかるでしょうし、もちろん、プロフェッショナルの人が先になるでしょうが、この「宇宙の探索《たんさく》」ということには、「日本が一流国として残れるかどうか」がかかっていると思います。

最近、鹿児島《かごしま》県の施設から、「イプシロン」という経済的なロケットが、途中、何度もトラブルになりながらも、やっと打ち上げられました。

「北朝鮮《きたちょうせん》のミサイルは百五十億円もかかる」などという説もありますが、日本では、「エコノミカルに、三十八億円で打ち上げられた」と言っています。

ただ、それでも、大学で打ち上げるには十分に高く、〝宇宙でサヨナラ〟と言

2013年9月14日、鹿児島《かごしま》県にある内之浦《うちのうら》宇宙空間観測所からの打ち上げに成功したイプシロンロケット。

うわけにはいかないでしょうから、何か実用性がないと、そう簡単にはいかないとは思います。

東京大学のように、国から一千億円近い予算が付くようなところはうらやましい限りですが、なかなか、それほど簡単にはできないでしょう。

しかし、「宇宙」については、どうしても捨てることができないと考えています。現実に、どこまで行けるかは別として、やはり、「宇宙技術の開発」を断念したら、未来において〝後進国〟になっていくのは確実だと思われます。

アメリカやロシア、中国まで有人飛行を行《おこな》っているなかで、日本がまだ「有人飛行」をできないことについては、日本の技術レベルからすれば、はっきり言って、「やる気がない」としか言いようがありません。「宇宙に行く必要もない」という感じなのでしょうが、「好奇心《こうきしん》を持って、人類のフロンティアを拓く」ということであれば、やはり、宇宙に出なければ駄目なのではないでしょうか。

・「宇宙人との交流」には宇宙技術の向上が必要

学問的には、スッと受け入れられないことかもしれませんが、「宇宙から、UFOやいろいろな乗り物で宇宙人が来ている」という説もあるわけです。そうであれば、それと同じぐらいのレベルまで達しなければ、そうしたものと現実の交流ができるようにはならないでしょう。

もし、これで交流を開始した場合、アメリカ・インディアンが、白色人種にアメリカを取られたようなかたちで、あっという間に地球が占領されるのは、当然のことでしょうから、宇宙技術のレベルを早く上げておかないといけません。

数多くの報告があるように、もし、宇宙人との交流が始まった場合には、善意の人たちばかりとは限りませんので、そういうことも十分にありえます。

そのときに、「自分の国を守れないが、外国が守ってくれる」というような日米安保《あんぽ》風の考えと同じく、「善意の宇宙人が守ってくれるだろう」と信じるだけでよいのかと言えば、こちらが宇宙人の情報を十分に持っていない以上、何とも言えないのではないでしょうか。そういう意味でも、宇宙技術というものは持つべきだと思います。

・次なる戦争の抑止力《よくしりょく》にもなる「宇宙からの防衛」

宇宙技術を持つべき別の意味としては、次の段階での戦争の抑止力《よくしりょく》になる問題でもあるからです。宇宙にまで出られる技術を持っていれば、例えば、「国を滅《ほろ》ぼす」といった脅《おど》しを受けたとしても、「防衛能力が完全にゼロにはならない」というメリットがあるのです。

今であれば、大陸間弾道弾《だんどうだん》等で攻撃《こうげき》されたとしても、原子力潜水艦《せんすいかん》が海に潜《もぐ》っていれば反撃できます。例えば、アメリカが、ロシアや中国から、突如《とつじょ》、核《かく》ミサイルで攻撃されたとしましょう。そのとき、たまたま、大統領がジョギング中で、ミサイルを撃《う》つことができず、アメリカ本土の大都市がほとんど破壊されたとしても、世界中の海に原子力潜水艦が潜っているため、そこから反撃ができるようになっているのです。

このように、「アメリカの都市が壊滅《かいめつ》しても、海から反撃ができる」という抑止力が働いているわけですが、次の段階としては、「宇宙からの防衛」というものが照準に入ってきていて、「国を狙《ねら》って攻撃しても、宇宙から反撃されるのであれば、どうにもならない」というところまで行《い》っています。つまり、その技術を持っていないところは、手も足も出ないことになるのです。

そのため、今、中国なども宇宙技術に力を入れており、アメリカと戦争などが起きた場合には、単なる地上兵器だけの戦いにはならないと思われます。まずは、情報戦として、コンピュータを使って、指揮命令系統を全部破壊することから始めるでしょう。そうすると、ロケットやミサイルがほとんど撃てなくなるので、今、中国としても、一生懸命に研究に努めていることがうかがえます。

すなわち、「宇宙ステーションや人工衛星等からの攻撃をさせないようにするには、どうするか。いち早く、それを撃ち落とすには、どうするか」というようなことを、中国も研究しているようなのです。

今、世界の軍事レベルは、そのあたりまで行《い》っていますので、日本はそうとう後《おく》れを取っています。海上保安庁の船だけで守れるようなレベルではなく、まったく違うレベルまで行っており、〝宇宙人 対 地球人〟ぐらいの差が開《ひら》いてくる可能性があるのです。

この宇宙技術について、日本はアメリカに依存《いぞん》していて、「植民地状態だ」「奴隷《どれい》状態だ」などと言われることもありますが、ある意味で、それを解《と》いていくためにも、将来的に、「独自の航空技術や宇宙技術」を持ったほうがよいのではないでしょうか。

これについては、予算の問題もありますので、なかなか、すぐにそこまでは行かないかもしれませんが、大学の「夢」としては考えておいたほうがよいでしょう。

未来産業学の課題④――「理論物理学の研究」による宇宙の解明

・理論物理学の最先端《さいせんたん》である「超弦《ちょうげん》理論」

大川隆法　さらに、もう少し理論的な面での〝攻め〟が必要なものとして、「理論物理学の研究を、もう少し進めたい」という気がしてなりません。例えば、ブラックホールの研究から始まり、理論物理学の最先端《さいせんたん》の課題はたくさんあるわけです。

先般、ＮＨＫのテレビ番組で、「神の数式」というシリーズが放送されました。

昔の物理学者は、素粒子を「粒《つぶ》」と考え、「粒が衝突《しょうとつ》すると消えてしまう」

というようなことばかりを考えていました。しかし、そうすると、結局、存在としてはゼロになって消滅してしまいます。

これは、ブラックホールの理論ともかかわる問題で、その数式を説明するのは難しいのですが、要するに数式の分母がゼロになると、「無限大」というものが発生してくるわけです。この、「無限大がたくさん出てくる」という問題は、物理学者にとっては解決できないものとして、みな困っていたのです。

そこで、それに対する説明として、番組では「超弦《ちょうげん》理論」を取り上げていました。この理論は、以前、「超ひも理論」として、私も勉強したことがあります。

「物質の最小単位としては、玉や粒のようなものが飛び交《か》っているのではなく、実は輪ゴムのようなものだ」

このように考えると、輪ゴムと輪ゴムがぶつかった場合、もつれるか、一緒になるかは分からないけれども、輪ゴムが消えはしないわけです。

そして、輪ゴムがたくさんぶつかったら、どうなるかというと、「それが重なっていけば、織物のような平面で、ある程度の厚みを持った存在になってくるから、完全消滅してゼロということにはならない」ということでした。

その結果、ホーキングなどが出した、いやらしいテーマ（ホーキングパラドックス）のところが破れる可能性が出てきたのです（注。番組では、「ブラックホールの奥底は、極限まで凝縮《ぎょうしゅく》されたミクロの一点で、素粒子さえ動くことができない状態なのに、熱が発生している。初期の超弦理論では、この現象を説明できない」というような解説をしていた）。

この「超弦理論」は、最初、バカにされていた理論ですし、あまりにも変わっていたものだったので、私も、すぐには信じられないところがありました。

・幸福の科学が説く「次元構造」を科学的に理論化する

この超弦理論が成立するためには、問題がもう一つあり、「宇宙が十次元以上まで存在しなければ成り立たない」という一つの条件があるのです。科学者たちは、「十次元なんて、勘弁《かんべん》してください」と、これを笑い飛ばしていたのです。

しかし、当会から見ると、「十次元までなかったら、それが説明できない？　それは、ちょうどよい理論ではないか」ということになります。

幸福の科学では、十次元までの教えがはっきりと出てきているものの、「これを、科学的にどのように説明できるか」がよく分からないでいたのですが、

「素粒子理論から、宇宙の創成・消滅の研究をしていくと、十次元までの存在が必要になってくる」という説が出てきたのです。これによって、当会の『太陽の法』（一九八七年に初版発刊）に書かれていることと、融合《ゆうごう》できるような理論が出てきたわけです。

幸福の科学では、宗教的に次元構造の説明をしていますが、「これを科学的に説明すると、いったい、どういうことになるのか」ということは、アインシュタインでも、十分に説明し切れなかったことだろうと思います。

今の物理学等でも、「多次元があるらしい」ということぐらいまでは分かっているのですが、それをキチッと説明できないでいるという状況です。このあたりのことについても、宗教が探索した結果を、科学的に理論化できる人が出てくれば、面白《おもしろ》いものが出てくるのではないでしょうか。

おそらく、この次元構造の解明ができないと、次の「宇宙航行の原理」まで入れないのではないかと考えています。多次元宇宙の存在が分からなければ、たぶん、宇宙航行やワープの技術等は発明できないのではないかと思われますので、やはり、理論的に研究していく必要があるでしょう。

現在、「三次元宇宙を通っていくと、何十年、何百年、あるいは、それ以上かかるような移動距離《きょり》が、多次元宇宙における上の次元の宇宙を通れば、もっと短い距離になる」ということが報告されています。こうしたことについて研究しない手はありませんので、どうか、天才が出てきてくださることを祈《いの》っています。それを解決してくれる人が出てくれれば、現実はあとからついてくるのではないかと思います。

フィクションの世界やアニメの世界では、十分、つくれるものではありますが、現実の世界で、それを理論化し、実験できるところまで行けばすごいことでしょう。

・「パラレルワールド」と「霊界《れいかい》」との関係を研究する

それから、「どうやら、宇宙のなかにも、『正《せい》の宇宙』と『負《ふ》の宇宙』があるらしい」ということで、いわゆる「パラレルワールド」というものが言われています。「私たちが生きている世界と、ほとんど同じようではあるが、どこかが少し違うような宇宙、もう一つの世界があるらしい」と言われています。

その「パラレル宇宙」や「裏側宇宙」と言われるものが、いわゆる「霊界《れいかい》」と言われているものと同じものなのか、まったく違うものなのかについては、まだ十分にメスが入り切っていませんので、答えを出せていないのです。

「霊界のようにも見えるが、霊界ではないようにも見える」というのは何でしょうか。

例えば、この世に大川隆法という人間が存在していますが、同じ時に、この大川隆法という人が、パラレルワールドという、もう一つ別の所に存在して生活をしているわけです。

その人の職業が私と同じかどうかは分かりません。学校の教師をしているか、政治家をしているか、科学者をしているかは分かりませんが、もう一人の大川隆法という存在がいて、また、ほかの人にも似たような存在がいて、日本に似たような国が存在するらしいのですが、それだけを聞くと、完全に「霊界」とは言いかねる面もあります。

このようなわけで、「いわゆるパラレルワールドとしての反宇宙、裏宇宙の部分が、霊界とのかかわりで、どのように説明できるのか」ということについて、まだ、理論的に架橋《かきょう》することができないでいるので、この部分の研究にも、もう一段入っていきたいと思います。

・「霊界《れいかい》研究」を科学的に進めるための手法を編み出す

また、霊界《れいかい》研究をしたくて始めたと思われるものとして、アメリカに「ヘミシンク」というものを実験する研究所（モンロー研究所）があり、そこで人工的に体外離脱《りだつ》を起こす研究をした人がいます。

それは、「真っ暗な部屋に横たわってヘッドホンをつけ、右の耳と左の耳で聴く音のヘルツ数を変えると、体外離脱現象が起きる」といったもので、同時に体外離脱をした人に、あるポイントに移動してもらい、そこに集まって見てくるような実験が行われているといいます。

この創始者が、体外離脱をしたときに、いわゆる『不思議の国のアリス』風ではありますけれども、「部屋に開《あ》いている穴を通ったら、裏宇宙があったので、そこを探索してきた」という記録を書いています。

このヘミシンクについては、私はまだ、十分に研究ができていないので、どこまで有効性があるのかについては、多少分かりにくいものがあります。

なぜ、右耳と左耳に違う周波数の音を聴かせたら、体外離脱が起き、目的とする霊界のポイントまで行けるのでしょうか。

また、その行っているポイントは、「幸福の科学で説かれている次元では、このあたりに相当するのではないか」と思われる部分があることはあるのですが、まだ少し虚実《きょじつ》半ばするところがあって、十分に科学的かどうかは分かりません。本当かどうかは分からない面が、一部、残っていますが、それを広めようとしている人もいるようです。

ただ、そのように、何らかのかたちでの霊界研究を科学的に進めていく必要はあるのではないかと思います。そこから、いろいろな秘密が解けていくのではないでしょうか。

そうしたヘミシンクのようなもので体験する人もいれば、「退行催眠《さいみん》のようなものをかけて潜在意識下に入っていき、その人の心の奥を調べていく」という心理学の手法もあるでしょう。これでも、霊界世界の探索は、ある程度できている部分もあるでしょうが、もう一段、科学的な手法を何か編み出せればありがたいものだと考えています。

その結果、「神のつくられた世界」の全体構造について、さらに説明できればよいと思います。

・「霊的《れいてき》に観《み》える大宇宙の姿」を理論物理学的に解明する

さらに、最近の学説では、「われわれが見ているような宇宙が、非常に数多くあるらしい」ということまで出てき始めており、もはや理解できなくなりつつあるわけです。つまり、物理学としては限界が来ているのです。

しかし、私は、ある意味で理解ができていますし、宇宙の外側から、銀河系宇宙を含む宇宙がシャボン玉のようにたくさん浮かんでいるのを観《み》ることができるのです（『不滅の法』〔幸福の科学出版刊〕参照）。

ただ、これを、理論物理学的に、どのように説明したらよいかが分からないでいます。シャボン玉のように宇宙が浮いているのが、私には観えているのですが、これを、別の角度から〝計算〟して答えを出そうとしているわけです。

そのように、たくさんの宇宙があるのです。それを、どういうかたちでアプローチしていくかが大事であると思います。「宗教と科学を融合する」とすれば、宗教のほうで結論が出てくる場合があるので、「答えが出ているものに対して、その途中の方程式をどうやって導き出していくか」という研究が、まだまだありえるのではないでしょうか。

・「人間の代替《だいたい》ができるロボット」研究にはニーズがある

また、人口の減少などの問題もあり、今後、ロボット産業等にも活躍できる面があるでしょう。人間を差別化するのではなく、「いかにロボット的なもので、人間が嫌《いや》がるような仕事を背負ってもらえるようになるか。担《にな》ってもらえるようになるか」という研究には、まだまだニーズがあると思います。

現在、人間の動きにかなり近いロボットができてはいますが、まだまだ足りていません。もっともっと先へ行けるわけです。

手塚治虫《てづかおさむ》の描いた「鉄腕《てつわん》アトム」では、西暦《せいれき》二〇〇三年ぐらいに鉄腕アトムができることになっていましたが、それを過ぎても、現実には、まだアトムのレベルまで行っていないのです。そうした完全に人間の代替《だいたい》ができるようなロボットができればよいのではないでしょうか。すでに、「介護ロボット」や「お掃除ロボット」、あるいは、「自動車を組み立てるロボット」などもありますが、もう一段の進化があってもよいのではないかと考えます。

それから、遺伝子研究等をして、魂《たましい》を否定しているリチャード・ドーキンスのような方は、「遺伝子さえあれば、いくらでも人間が複製できる。これが魂の正体なのだ」というようなことを言っています。いわゆる唯物論者です。ただ、その考えで行くと、「人間とは、遺伝子というものが入っている、タンパク質でできたロボット」ということになります。つまり、「遺伝子があれば、タンパク質でロボットができる」という考えであるわけです。

幸福の科学では、肉体のほかに、別途、「魂」という存在があると認識していますが、「遺伝子とタンパク質があれば、ロボットができる」というのであれば、ロボットについての考え方も大きく変革していくところがあるでしょう。「『タンパク質でつくったロボット』なるものが、はたしてできるのかどうか」については、研究の余地があるのではないでしょうか。

いざ、「未来科学」のフロンティアへ！

・「理系の天才」を数多く輩出《はいしゅつ》し、未知のテーマに取り組む

大川隆法　未来産業学について、さまざまなことを述べました。

一つは、「現実に、近未来社会においてニーズが生じるものに関し、そのニーズを満たせるような『役に立つ未来産業の種』を考えついてチャレンジしていく」という試みです。要するに、科学の〝足腰〟に当たる部分です。

もう一つは、足腰ではなく、〝頭脳〟の方面が中心になりますけれども、「宇宙の未知なる部分について解明、解決していく技術を開発する」ということです。

そのなかには、例えば、「多次元の解明」から、「宇宙航行の方法」、それか

らＵＦＯなるものが存在するとしたら、その「ＵＦＯの推進原理」や「エネルギー源の解明」等があるでしょう。また、他の惑星《わくせい》に生命体があるとしたら、「地球外生命体の研究や、交流の仕方」等の研究もあるでしょう。

そのように、まだまだフロンティアは残されていますが、これらのことは、やはり理系の力を借りずして達成することは不可能だと思います。だからこそ、理系の天才を数多く輩出《はいしゅつ》し、こうしたテーマにいち早く取り組まなければいけないのです。

・「地球外からの危機」に備え、理系技術の向上は急務

もし、ハリウッド映画のように宇宙人の来襲《らいしゅう》が頻繁《ひんぱん》にあるような時代が、近未来に迫《せま》っているとすれば、人類の絶滅はもう〝秒読み状態〟に入っているわ

けです。文系の人たちには、書物を持って穴のなかに潜るぐらいしか、方法が残されていませんので、理系の人たちに戦ってもらう以外にないのです。上げられるところまで理系の技術を上げておかないと、もはや太刀打《たちう》ちできないでしょう。

「宇宙人に、核ミサイルが通用するかどうか」ということについても、さっぱり分かりません。実際に撃ち込んだことがないので、効くか効かないかは分からないわけです。「バリアを張られてしまえば、核ミサイルでも通用しない」という映画がありましたが、実際に効くか効かないかは分かりません。

そういう、はるかなる彼方《かなた》から地球に来られる力があるとしたら、技術の文明差はそうとうあると考えられます。もし、「マシンガン 対 弓矢」ぐらいの違いがあるならば、もはや、簡単に占領される運命にあるでしょう。ただ、

「今のところ、何がそれを食い止めているか」については、別途、研究の余地があると思います。

また、そういうインスピレーションを受けている人間が、さまざまな映画をつくったり、小説を書いたりしている状況があるとするならば、ある意味では、昔の予言者のように、近未来を予言している可能性もあります。そうであるならば、いち早く、対策に取り組んでいかねばならなくなるわけです。

・「宇宙人によるアブダクション」にどう備えるか

一部に報告があるように、アメリカでは、「アブダクション」（誘拐《ゆうかい》）というものが、二百万件はあったのではないかとも言われています。

一九四七年のロズウェルでの「ＵＦＯ墜落《ついらく》事件」以降、「アブダクションされて宇宙船のなかに入れられ、人体をいろいろ実験されたり、遺伝子操作をされたり、宇宙人とのハイブリッド（合いの子）をつくられたりしている」などという話があります。彼らは、心理学的な対象として、すぐカウンセラーにかかりますので、病院レベルで把握《はあく》されている報告数は、少なくとも二百万件はあるのではないかと推定されています。

「文明の進んだアメリカ人を、夜中に二百万人もアブダクションしていろいろ調べたり、実験したり、あるいは、伝書鳩《でんしょばと》のように〝タグ〟を付けたかたちで地上に戻し、そのあと追跡《ついせき》をずっとしている」というような現象が現実にあり、それを、こちらが気づかない状況で行われているのであれば、「もはや、アメリカも手が出せない状態である」ということです。

やはり、ここは頑張《がんば》って、いち早く、宇宙人を理解できるレベルまで行かないといけないのではないでしょうか。

それに比べると、日本人の誘拐例は少ないように思われます。日本語が理解できないのか、あるいは、相手にされていないのか、そのへんについてはよく分からないのですが、いずれ増えてくるかもしれません。

・現時点での「未来産業学の見取り図」とは

また、そうした宇宙の解明が、「古代史の解明」にもつながっていくこともありえます。古代の歴史や『聖書』系の文献《ぶんけん》においても、宇宙とのかかわりを感じられるものがかなりありますので、こうしたものが、古代の秘密を明らかにする面もあるでしょう。

私たちの研究のなかでも、「宇宙人リーディング」というものによって、「過《か》去世《こぜ》で、地球人になる前の宇宙人としての人生があった」という探究がなされています。霊的にはこういうものが出てきていますが、もう少し科学的な意味で、そうした痕跡《こんせき》や〝尻尾《しっぽ》〟の部分をつかまえないといけないと思いますので、「もっと科学的証拠《しょうこ》を取り出すことができないか」ということを考えています。

そういう意味で、未来産業学部についても、単に、「あそこは、幽霊《ゆうれい》と宇宙人の研究をしている」と言われるだけでは残念ですので、現実的に諸問題を解決する実学についても科学として取り組みながら、出てくるニーズについても応《こた》えられるように研究する部分もしっかりと持ち、私たちが〝発狂《はっきょう》〟しているわけではないことを示したいと思います。

今後、「食料問題」を解決し、「エネルギー問題」を解決し、さまざまな乗り物の「スピードを上げる技術」等の開発・研究をしていくことになるでしょうし、「理論物理学の先進型」として、さまざまな未来社会について、理論的に解明していくでしょう。そして、もし、それが現象学的にもつながるものを出していけるのであれば、そこまでつなげていきたいと考えています。

今、私の頭のなかにある「未来産業学の見取り図」は、以上のようなものになります。

2　理系の学生にとっての「教養」とは

理系の「学問の祖」とも関係が深い幸福の科学

B――　本日は、このような尊い機会を賜《たまわ》り、本当にありがとうございます。

私からは、未来産業学部の学生が持つべき教養についてお伺《うかが》いします。

先般《せんぱん》の法話（『「人間幸福学」とは何か』〔幸福の科学出版刊〕参照）でも、倫《りん》理《り》観についてお説きいただき、また本日も、ほかにはない「宗教性と語学の大切さ」のところをお説きいただきましたが、やはり、未来を拓《ひら》いていくには、

「創造性」も必要になってくるかと思います。

そこで、未来産業学部の学生が学ぶべき教養のあり方についてお教えいただきたく存じます。

どうぞ、よろしくお願いいたします。

大川隆法　私は、理科系の人たちが唯物論《ゆいぶつろん》にならなければいけない理由は必ずしもないと思うのです。もともとはそうではなかったのに、そちらのほうが、研究する範囲《はんい》が狭《せま》くなって楽だから、そうしているのではないかと思われる面があるのです。

例えば、「近代科学の祖」であるニュートンの本を読んでみても、彼は、神を信じる、非常に信仰心《しんこうしん》に溢《あふ》れる方です。神がつくられた物理の原理を解明したくてしかたがなかった方ですし、彼自身、ヘルメスの神秘思想を奉《ほう》じる秘密結社の総長、グランド・マスターでもありました。そういう人が、実は、科学の祖でもあるわけです。そのニュートンを、おそらく、幸福の科学の中心指《し》導霊《どうれい》であるヘルメスが指導していたと推定されますので、当会も、「科学の祖」の部分は持っているわけです（注。ヘルメスはギリシャ神話の英雄《えいゆう》で、地球の至高神《しこうしん》エル・カンターレの分身の一人）。

さらに、病院等には、一本の杖《つえ》に蛇《へび》が巻いているようなマークがありますが、それは、もともと、ヘルメスの「ケリューケイオンの杖」の図案化があのようなかたちになったとも言われており、病院のもとについても、実は、ヘルメス

アイザック・ニュートン
（1643～1727）

学から始まっているとも考えられます。

あるいは、エジプトの学問の神はトス（トート）ですから、医学も含《ふく》め、科学もすべては、ヘルメスおよびトスから来ているとも考えられるわけです（注。トスは、約一万二千年前の、幻《まぼろし》のアトランティス大陸の指導者で、ヘルメスと同様、地球の至高神エル・カンターレの分身の一人）。

トスは、科学的なものから、文字の開発や芸術までを含めた「学問の神様」とされているので、おそらく、「エジプト学の原点」に存在するものだと思います。そして、そのもとは、アトランティス大陸の文明から来たものとも言われているのです。

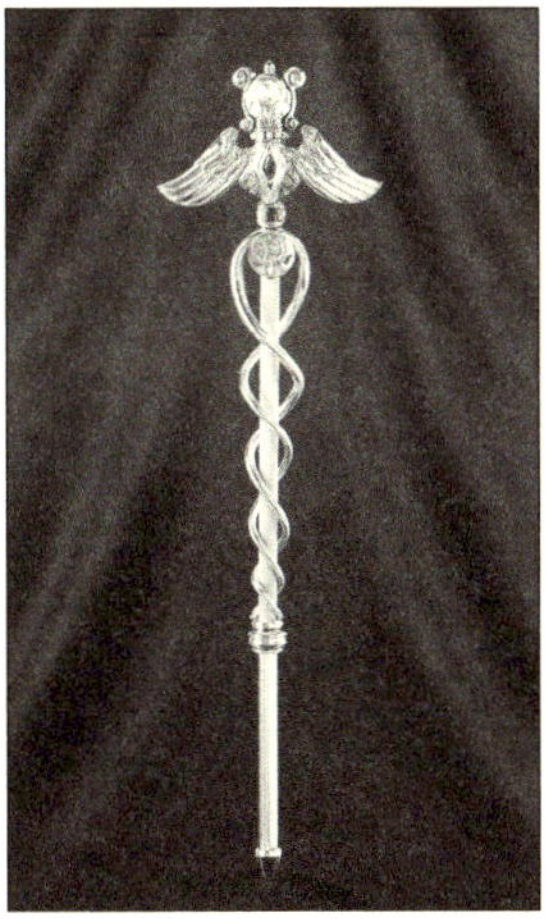

ケリューケイオンの杖《つえ》

このあたりのことについては、今後、もう少し克明《こくめい》に描写《びょうしゃ》する必要が出てくるのではないかと考えています。

今、トスやヘルメスの存在と「医学」の関連について述べましたが、ヘルメス学のなかでは、中世の錬金術《れんきんじゅつ》が非常に発達していますので、化学のもとになる部分も、そうとうあったでしょう。

中世の人たちは、鉛《なまり》を金《きん》に変えようと、一生懸命《いっしょうけんめい》に研究を続けていたようなので、今の化学のもとになる部分も、ヘルメス学のなかにはあるのです（注。ニュートンは、錬金術の研究もしていた）。

それから、ヘルメス学には、いわゆる「魔法《まほう》」に当たるものも、そうとう入っていますので、おそらく、そのなかには、「化学」と「物理学」の両面があるのではないかと考えられます。

そうしたいろいろなものの元は、幸福の科学のなかにも胚胎《はいたい》しているものがあると思います。

「目に見えない世界」と距離《きょり》を取るようになった近代科学

大川隆法　そのような意味では、今の理科系の教養は、いわゆる無神論・唯物論的なものに偏《かたよ》った学生をたくさんつくっているところに問題があるようにも感じられるのですが、やはり、それは一つには、〝頭が小さい〟からだと思うのです。

ですから、デカルトが肉体と精神とを分けて考えようとしたところ、肉体のほうは放っておいて精神のほうだけに入った人もいれば、肉体だけを考えるようになった人もいるように、分かれていったわけです。

カントもそうです。「形而上《けいじじょう》」と「形而下」を分けて考えたりしましたし、霊魂《れいこん》などは学問の対象としては難しく、どうにもならないため、スウェーデンボルグのような霊能者がいたことに関心を持って、報告書を書いたりしつつも、いちおう、「学問の対象にはならない」ということにしています。

例えば、「約四百八十キロメートルも離《はな》れたところで火事が起きているのを、同時刻にスウェーデンボルグが霊視《れいし》した」という有名な話を、カントは「実に不思議なことだ」ということで、レポートを書いています（『視霊者《しれいしゃ》の夢』）。

また、スウェーデンボルグが、遠隔透視《えんかくとうし》、リモート・ビューイングができたことや、「三日間、〝死んだまま〟の状態で霊界《れいかい》を探検して帰ってきて、それをレポートに書いている」ということを、カントはまことに不思議がっているのですが、学問の対象としてはどうにもならないので、「自分は禁欲的に、自分のできる範囲内を学問する」ということにしていました。

カントは、本と散歩の世界を通して、自分の頭のなかで、悟性《ごせい》や、主として理性についていろいろと考え、理性から導かれる道徳律や行動についての理論書を書いています。そのため、その流派を引く人たちは、「精神的な世界、霊界世界や魂《たましい》の部分については、カントも相手にしなかったのだから、無視してよいのだ」というような考えに流れていきました。

その結果、カント哲学《てつがく》の影響《えいきょう》を受けたフランス革命のなかでは、神を否定する動きと国王を否定する動きとが共振《きょうしん》して、「王族のギロチン処刑《しょけい》」というような残酷《ざんこく》なことも数多く行われたりもしたのです。

要するに、「神の子孫が、この世に生まれ、王となっているのだ」というような考え方が、カント哲学を安易に使われたことによって否定され、人間平等の思想になっていった面もあるわけです。

そのような流れのなかで、科学者たちは、自分たちが理解できないものを学問の対象にしなくなりましたし、また、教会が、イエスの時代にはなかったようなものに関し、いろいろと人間的解釈《かいしゃく》を加えてくるため、コペルニクスやガリレオなどがそうであったように、近代科学にとっては、その弾圧《だんあつ》から逃《のが》れることが非常に大事なことになっていったのです。

「魔術からの解放」というか、「魔術の衰退《すいたい》が近代科学を生んだのだ」というような思想が生まれてきたため、そうした霊的なものからはできるだけ距離《きょり》を取り、「ただただ現象に立ち向かって解明していこう」ということが行われたのです。

勇気を持って「神」「霊界《れいかい》」「精神世界」に探究の灯《ひ》を掲《かか》げよ

大川隆法　医学も、実際に解剖《かいぼう》をしたこともないのに、空想で行《おこな》っていたようなことを、実際に解剖をしてみたり、さまざまな薬が効くか効かないかを試《ため》してみたり、脳に関しても、どういう反応が起きるのか、いろいろと脳の部位を調べたりするような、実証的なものになっていきました。

これは、ある意味で、「自分たちが、研究対象としてまだ十分に使えないものに対しては、見ない」というふりをして、能力を収斂《しゅうれん》させたということなのでしょうが、そうしたことが、「知らないことについては否定する」ということになっている場合もあると思うのです。

しかし、「闇夜《やみよ》が怖《こわ》い」というのは、みな同じではあっても、「だから、昼間の世界しかない」ということにはならないわけです。「闇夜が怖いから、夜はない」とは言えません。「日が当たっている世界だけが本物の世界で、日が沈《しず》んだ世界は本物の世界ではない」とすることはできないのです。それはただ、「今のままでは見えない」ということにすぎません。

つまり、「肉眼では見えなくなるが、一灯《いっとう》を掲《かか》げていけば夜道も歩ける。懐《かい》中電灯《ちゅうでんとう》で照らせば歩くことができる。自転車も、電灯をつければ、夜道も走れる。車も、ヘッドライトをつければ、走れるようになる。そのように、闇夜も克服《こくふく》することができるようになる」ということです。

したがって、同じように、今の理系の学生たちが、「なかなか信じられない」と思われるような「神」の領域や「霊界《れいかい》」「精神世界」等についても、やはり、勇気を持って、〝一個のランタン〟〝一個の懐中電灯〟をつくるところから始めていけば、見えてくるものはあるのではないでしょうか。

専門外の「教養」が、やがて生きてくる

大川隆法　そういう意味で、「考え方」ではあるので、最初からズバッと否定されてしまえばそれまでではありますが、やはり、「一流の理系の人物は、神のつくられた世界そのものを研究しようとするものだ」ということを教えるべきだと思うのです。

私が大学受験のときに使っていた英文解釈の参考書のなかで、ニュートンが書いた文章を読んだ覚えがあるのですが、確か、原仙作《はらせんさく》氏の書いた〝英標《えいひょう》〟

(『英文標準問題精講』)に載《の》っていたものかと思います。

そこには、「私は自分が世間《せけん》の人の目にどう見えるかは知らないが、私自身には、海辺で遊んでいる少年が、真理の大海はまったく未開のままで眼前に横たわっているのに、ときおり、普通《ふつう》よりもなめらかな石や、普通よりも美しい貝殻《かいがら》を見つけて、楽しんでいるようなものにすぎなかったように思われる」という、ニュートンの謙虚《けんきょ》な言葉が書いてありました。

つまり、「対象とすべきものは、非常に広大無辺《こうだいむへん》なものなのだ」ということです。

そのように、ニュートンレベルの人でさえ、スプーン一杯《ぱい》の水を注《そそ》ぐ程度の仕事、あるいは、小石を拾って投げる程度の仕事しかできないように感じているところを知り、もう一段、ものごとを謙虚に捉《とら》え、未知なるものから逃《に》げない態度を養うことが大事なのではないでしょうか。

「専門外の思想」を勉強することで見識や判断力を高める

大川隆法　その意味において、文系の学生には、自分の専門とは正反対のものも、できるだけお読みになることを勧《すす》めたいのですが、理系の学生に対しても、「教養をつけるには、単なる実用の書だけを読めばよいわけではない」ということを伝えたいのです。

すなわち、講談社のブルーバックスばかり読んでいればよいのではなく、もう少し違《ちが》った思想も勉強し、人間として立派になることが、見識を高め、判断力を養うことにもなるでしょう。

例えば、これまでにも何度も例に出していることではありますが、湯川秀樹《ゆかわひでき》博士は、中間子理論を考えつく過程において、「幼いころに、祖父から『四書《ししょ》五経《ごきょう》』を習ったことや、あるいは、老荘《ろうそう》思想等を学んだことが影響した」と言っています。つまり、「老荘思想と中間子理論には関係があった」ということを、彼は述べているのです。

さらに、数学者ではありますが、岡潔《おかきよし》という奈良《なら》女子大学の教授が、いろいろな論文を発表するまでの間に、「禅《ぜん》の悟《さと》り」にも似たような経験をしたことを書いています。今は文庫本としても出ているので

岡潔《おかきよし》
(1901～1978)

湯川秀樹《ゆかわひでき》
(1907～1981)

手に入るとは思いますが、『春宵十話《しゅんしょうじゅうわ》』などを読めば、そうしたことが出ています。

私自身、若いころには、そういうものを読んで、憧《あこが》れるものはずいぶんありました。そこには、「情緒《じょうちょ》と数学的な発見は関係がある」というものの見方が出されています。

これに対して、以前、広中平祐《ひろなかへいすけ》氏などは、反発されていました。彼のように、「数学にそんなものは関係ない！」というような言い方をされている方もいますが、それは、やはり、岡先生のほうが深いのだと思うのです。

このように、禅の修行《しゅぎょう》のようなことなどもしながら、同時に、数学的発明をなされた方もいらっしゃるわけです。

また、アインシュタインのような人でも、神の存在に対しては、深く認めていたところはあるでしょう。

したがって、どうか、そうした側面を忘れないでいただきたいと思います。

「無用《むよう》の用《よう》」と思って幅《はば》広く勉強しておくと役に立つ

大川隆法　若い人たちには、〝天狗《てんぐ》〟にならず、謙虚に、「未知なる世界を探究しよう」という気持ちを持つと同時に、どのようなものであれ、見下《みくだ》したり、軽視したりすることのないような、豊かで大きな心を持った人間になってほしいのです。

「古代の人が研究したものであっても、そのなかに、何かヒントがあるかもしれない」ということも、忘れてはなりません。

例えば、今は、地震学《じしん》など、防災の問題が非常に脚光《きゃっこう》を浴びていますが、防災についての研究をしようとしたら、やはり、古典が読めなければ駄目《だめ》なのです。

高校時代には古典に苦しんだことがあるかもしれませんが、ある古典を読んでみると、東海道を下っていくときに富士山が噴火《ふんか》している様子を書いているものもあります。

ある時期に、今の富士山の右肩《みぎかた》に当たる部分が噴火したことについて書いてあり、「その年代に富士山が噴火したのだ」ということが分かるわけです。

さらに、古文書《こもんじょ》を読めば、日食の時期が分かることもあります。そのため、「天照大神《あまてらすおおみかみ》が生まれた西暦《せいれき》の年月日まで当てられる」と豪語《ごうご》している方もいます。

私は、そこまでは言う気はありませんが、「『天照様が岩戸隠《いわとがく》れされた』というのは、皆既日食《かいきにっしょく》のことに違いない。したがって、皆既日食の周期を調べれば、生まれていた時代がいつであるかまで、ピタッと当てられる」と豪語する方もいるのです。

このように、天文学を研究していても、同じく、古文書が読めないと話にならないわけです。

地震などの研究も、今では、もうほとんど古文書に拠《よ》っていると思うのです。例えば、「江戸《えど》時代には、どのような地震と津波《つなみ》が三陸地方に押《お》し寄せたか」ということも、やはり、古文書を読めば分かります。

そのため、「このあたりは、このようにしなければいけない」という防災の研究をしなければいけない場合、古文書には、どこまで水が来たかが書いてあったり、「風呂桶《ふろおけ》のなかに入っていた人が、風呂桶ごと流されて助かった」という話まで出てきたりするので、こういうものを読まなければいけません。

また、古文書には、江戸時代に富士山が噴火した話だけではなく、平安時代等に噴火した話もたくさん出てきます。

したがって、「古典が読めなければ、結局は、地震学も、地震の予知学も、火山学も、十分にはできない」ということがあるのです。

そういう意味で、「無用《むよう》の用《よう》」と思って、自分とは〝距離〟が遠いところについても、できるだけ勉強しておくと、役に立つことがたくさんあるかもしれません。

例えば、私であれば、宗教家として、人の生きる道を説けばよいわけですし、霊界に関する文献《ぶんけん》がたくさんあるので読んでいますが、そういうものとはまったく関係ないものも読んでおくことが、反対側の面から自分をチェックする機能を強める力になると言えます。

そういう意味で、研究の対象としては、便宜上《べんぎじょう》、文系・理系と分かれてはいますが、さまざまなことを知っていなければなりません。

文系の人が、国際政治で外交の勉強をするにしても、一方では、軍事面において、兵器の性能や攻撃力《こうげきりょく》、防衛力等を知らなければ、まったく意味が分かりません。

「向こうに船が何隻《せき》あって、こちらは何隻あるから、互角《ごかく》だ」などという程度のことしか考えられないようであれば、それは、もう、古代と変わらない発想でしょう。やはり、性能を知らなければ駄目なのです。

例えば、自衛隊が持っているイージス艦《かん》は、「情報艦」としても機能していますが、こうした艦艇《かんてい》が一隻あると、どの程度の武器効率があるか、情報を収集して分析《ぶんせき》する能力があるかということを理解できなければ、文系であっても、抑止力《よくしりょく》や、あるいは、「外交的に、どこまでは押せて、どこからが押せないか」といったことの判断がつかないこともありえるのです。

文系・理系ともに「基礎《きそ》教養」は大切

大川隆法　そのようなわけで、文系・理系を問わず、できるだけいろいろなことに対する教養を持つようにしていただきたいと思います。

幸福の科学大学は、最初は小さな大学でしょうから、そうした〝垣根《かきね》〟を越《こ》えて勉強するのは、非常に簡単なことだと思います。したがって、必修単位というのもあるでしょうが、それを超《こ》えて、できるだけ、他のものも学習していっていただきたいのです。

特に、理系には、「なぜ英語ができなければいけないのか、よく分からないが、大学受験に必要だから勉強している」という人が大勢いるのではないでしょうか。

ただ、不思議なことに、理系でも文系でも、秀才《しゅうさい》は英語ができます。理系の秀才は、数学や物理等の他に英語もでき、文系になると、英語と社会と国語ができることになっています。

しかし、英語ができるならば、本当は、国語もできるはずです。試験の問題形式を見れば、言語が違うだけで、英語も国語もまったく同じ構造・形式なのです。

ですから、理系で英語ができる人は、本当は、国語もできるはずです。ただ、ほかの科目も勉強しなければいけないので、手を抜《ぬ》いているだけなのです。

受験指導の和田秀樹《わだひでき》氏などは、東大の理Ⅲに受かるために計算をして、「国語が四点でも合格できる」という案を立てていました。「英語や数学、物理などで点を取り、こういう点を重ねていけば、国語が四点でも受かる」という計算を立てたようなのです。

そこで、国語は捨てることにして、漢字と、イロハの記号問題のみにしたそうです。長文は、読んでも意味が分からないので、読むのをやめるが、記号問題は当たる場合もあるため、いちおう書かないと損だから何かは書いておいて、あとは漢字だけを解き、四点を目指したそうです。ただ、本番では、「十点を取れた」というようなことを書いていました。

しかし、これは少々情けない話ではありません。理科系なので、英語や数学が百二十点満点のところ、国語は八十点満点ではありますし、八十点満点中十点でも、理Ⅲは受かるのでしょうが、さすがに少し恥《は》ずかしいという気はします。

そこまで捨ててしまうということは、要するに、「現代文の長文は読んでも意味不明なので、難しすぎて読めない」ということでしょう。さらに、古文をすべて捨ててしまえば、エネルギーロスを減らせますし、その部分を物理や数学の勉強に当てたほうが、時間計算上、得点効率はよいということでしょう。そのようなことも、昔の本に書いてありました。

ただ、やはり、若干《じゃっかん》情けないと感じますし、その結果として、あとから、〝カルマの刈《か》り取り〟が来ています。医学部で指導医に首を絞《し》められたりしたこともあったようですし、追い出されたあとも、受験作家になって、何冊も本を書くようになったため、結局、「文系の本をたくさん勉強しなければいけなくなった」という〝カルマの刈り取り〟が起きているのです。

やはり、「基礎《きそ》教養」は、あまり極端《きょくたん》にならないように、大事に育《はぐく》むべきだと思います。

文系の人の場合、「理系の数式が出てくるものは分からない」というのは、みな共通して出てくるでしょう。ただ、数式が分からないにしても、そういうものの考え方や歴史などもあるので、「折《おり》に触《ふ》れて、勉強しよう」という気持ちを持っておくことが大事なのではないでしょうか。

「深い信仰心《しんこうしん》」と「よい科学者」は両立できる

大川隆法　理系に関して言えば、現代では欧米《おうべい》の理系の学者たちのなかにも、もちろん、無神論者もいますが、あまり尊敬されません。

やはり、基本的に、表向きは、「神様のつくられた完全な世界を解明したい。証明したい」というように思われる方が多いようですし、また、そう考えて研究した結果が答えにつながる場合もあるそうです。

前節でも述べたＮＨＫの「神の数式」という番組では、「もし、神がつくった宇宙の設計図があるとするならば、それは、完璧《かんぺき》な美しさ、つまり、対称性《たいしょうせい》を持ったものに違いない」と言っていた学者が紹介《しょうかい》されていました。

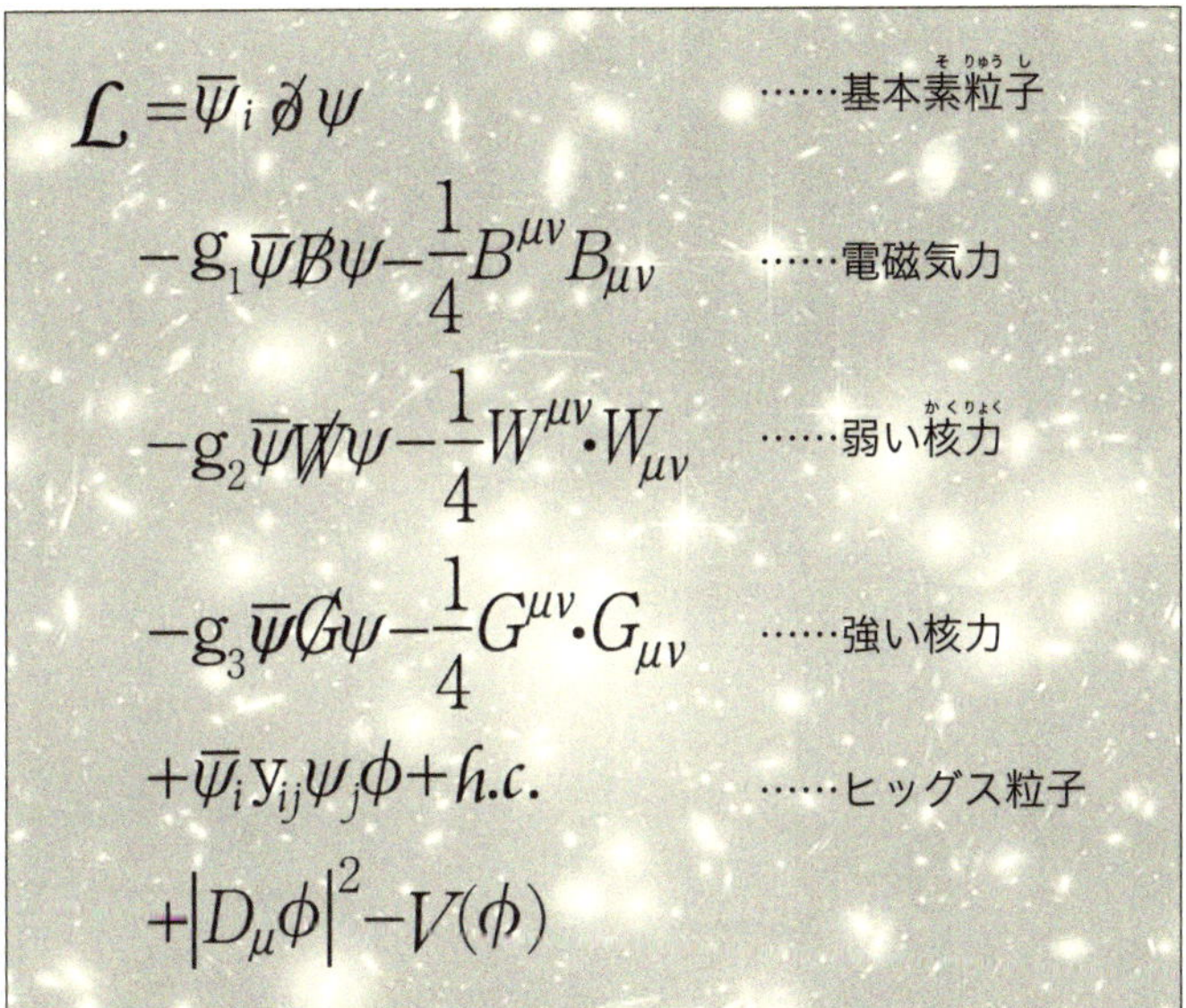

(2013年9月21日放映　NHKスペシャル「神の数式」から)

そこでは、神の数式にふさわしい数式とは、対称性のある美しいものであり、グチャグチャと変なものがたくさん加わってくるようなものはおかしいということで、その美しさを求めながら考えているようでした。そのように、「結論」から逆に考えていくシーンが出てきていたのです。

そのようなものを見ても、私は、「信仰《しんこう》が深くても、よい科学者にはなれるのではないか」と思います。

また、科学的には実証できないかもしれませんが、幸福の科学では、「『過去《か》世《ぜ》が宇宙人』という存在がありえる」という事例を数多く出し、「現在も宇宙人は存在する」と言っています。

こういうものに対して、「見た人がいないではないか」「戸籍謄本《こせきとうほん》を取ってこい」などと言う人もいるかもしれませんが、そのように単純に否定してしまわずに、「可能性があるかどうか研究しよう」と思ってくだされば ありがたく思います。

宇宙のなかには、地球と同じように、生命《せいめい》の発生する条件を持っている星がたくさんありますから、「『地球にだけ人類が住んでいる』と考えるほうが傲慢《ごうまん》だ」と、私は思うのです。

そういうことで、文系・理系ということを、あまり深く考えすぎないでください。最後に専門が決まった場合は、そこをずっと押していかなければいけませんが、できるだけ、自分の苦手な分野についても、教養を積んでいただきたいと考えています。

「宗教心を持ったユニバーサルな人材」を輩出《はいしゅつ》する

大川隆法　以前、「ビューティフル・マインド」という、天才数学者（ジョン・ナッシュ）を題材にした物語が映画化され、作品はアカデミー賞も受賞しました。

この人は、「数学的には天才だが、異常の世界に入り込《こ》んでいる」ということでしたが、要するに〝見える〟わけです。本当は、霊界のいろいろなものが見えて、そうした人たちが話しかけているのですが、それについての知識を持っていないために、分からないのです。

もし、私のような霊能力を持っている宗教家が知っていれば、彼が狂《くる》っていないことぐらいは、すぐに分かったのですが、おそらく、そういう相談相手がいなかったのでしょう。

このように、天才のなかには狂気《きょうき》のようなものがあって、目に見えない存在と話したりすることがあるのです。

その人は、一般的には「精神科行き」と考えられるような状態が長かったため、認められてノーベル経済学賞等をもらうまでに、ずいぶん時間がかかったという話ではありました。

「病気にかかっていた」ということになってはいるのですが、おそらく、実際には、そういうものを突《つ》き詰《つ》めていく、数学の天才というレベルまで行くと、精神を集中して座禅などに取り組むのと同じ効果があり、あまりにも純粋《じゅんすい》で透明になって真理に向かっていくと、その世界に通じていくのではないかと思うのです。

そして、そういうことを知らないがために、「精神に異常を来《きた》した」だとか、「鬱症状《うつしょうじょう》」だとか、余計なことを言われて、それをそのまま信じてしまい、悩《なや》んだりするようなこともあるわけです。

したがって、やはり、人文系や宗教系の教養を持っていることが、自分を守ることにもなるでしょう。

そういうことで、「宗教心を持ったユニバーサルな人材」を育てたいと思っています。

大学創立者としての願いは「フロンティアを目指せ！」

大川隆法　理系の学問そのものについては、私は、細かいことを申し上げることができませんので、大学内部での積み重ねにおいて、どんどん進んでいかれることを望みます。

創立者としての私の願いは、「フロンティアに向かって突き進み、切り拓いていけ」ということです。つまり、「フロンティアを目指せ。すでにあるものを、ただ使うだけの理系であれば、つくる必要はない。『これから新しいフロンティアを必ず拓こう』と思え」ということなのです。

それに関しては、一般的な、さまざまな教養も身につけなければなりません。

要するに、「普通は読まないような本なども読みなさい」ということです。

いずれ、幸福の科学大学にも、医学部ができるかもしれませんが、医者になるにしても、やはり、小説などをよく読み、人間の生態をよく知っている人というのは、人格者で、よく相談に乗れる医者になれるでしょう。しかし、物として、機械としてしか人間を見ていない人であれば、相手の悩みを聞いたり、「病気がなぜ起きたか」という理由の説明をしたりすることはできないと思うのです。

病気にはさまざまなものがありますが、心が原因で起きている病気は数多くあります。そのため、医者に訊《き》いても、「医学的には理由が分かりません。原因が分からないのです」ということも、よくあるのです。

しかし、医学的ではなく、宗教的に、あるいは、人生学的に原因をたどり、

「その結果が出た理由は何か」を考えれば、原因が分かることもたくさんあるわけです。

例えば、一九九〇年代、私がもう少し太っていた時期に、結石《けっせき》ができたことがありました。

それは、上の子が、小学校四年、五年、六年となって中学受験を迎《むか》え、四谷《よつや》大塚《おおつか》など、あちこちの模試を受けていた時期のことですが、ときどき、私に尿《にょう》管《かん》結石ができたのです。

結石といっても、五ミリとか七ミリとか、大きくても九ミリとか、その程度のものではありますが、「結石ができた日」をカレンダーに記していくと、いつも、確実に、子供の合否判定テスト等があるようなときばかりで、それ以外の日にはできていないことが分かりました。

その上、小さなテストのときにはできず、「進路判定」や「合否判定」の出る大きな試験のために子供がウンウン言っていて、親も心労するようなときに限って、いつも結石ができていたわけです。そうした周期性を見れば、そのときにしかできないのですから、原因は明らかです。

しかし、東大医学部へ行って調べてもらっても、「それはシュウ酸カルシウムなどからできています」と分析することはできるものの、原因を訊《き》くと、「さっぱり分かりません。できるものはできるので、『体質』としか言いようがありません」としか言えないのです。

しかし、こちらには、「子供のテストが原因でできている」ということが、すぐに分かります。さらに、「だいたい三時間から四時間でできるらしい。心労が始まってからの三、四時間で結晶化《けっしょうか》する」ということまで分かるのです。

わずか五ミリぐらいの石でも、いろいろな管を傷つけますから、やはりすごく痛いわけです。

それが体外に出れば痛みも治まるのですが、いつも、だいたい、試験が終わった翌日には出ることになっていました。そして、その法則性が分かってからは、結石もできなくなったのです。

「結石は、これが原因でできるのだな」と分かったので、テストについては、〝あきらめ〟の境地に達して、「どのような結果が出ようと、しかたがない」と、気にしないことにしたら、できなくなったわけです。

「心によって病気ができる」と、私もよく言っていますが、それは実体験としてもあるわけです（笑）。三、四時間もあれば、結石ぐらいできてしまいます。尿管結石だろうが、腎臓《じんぞう》結石だろうが、胆石《たんせき》だろうが、「つくろう」と思えば、簡単にできるのでしょう。同じように、脳の病気その他であっても、「つくろう」と思えば、簡単につくれると思うのです。

今の医学は、この部分まで及《およ》んでいません。精神的な作用や、人の悩みの部分について、斬《き》り込《こ》めていないと思うのです。これが分かるには、やはり、幅《はば》広く人間学を学んでおかないと、そういうことまでは分からないわけです。この〝陰《かげ》の仕込み〟が、おそらく、名医を生むことになるのでしょう。

そのあたりの〝人生コンサルタント〟の面を持っていないと、本当の意味での「良い医者」にはなれません。唯物論的に〝腕《うで》が良い〟というのもありえるでしょうが、やはり、「深さ」が足りないのではないかと思うのです。

そういう意味で、将来、「理系学部」がいろいろと発展するかもしれませんが、やはり、「人間としてもきちんとした見識を備えた人になってほしい」と思っています。私の言えることは、そんなところです。

欲張りな願いではありますが、「人間としても立派であり、それぞれ専門を持った生き方ができる人間になっていただきたい」というところが根本《こんぽん》にあるのです。

あとがき

従来、過去ばかり振り返る習性のあった宗教から、「未来産業学」が産み出されようとしていることを、とてもうれしく思う。

現時点から、三十年後、五十年後でさえ、この「未来産業」の内容がどうなっているのかは十分にはわからない。

しかし、それでも未来に対して、積極的で建設的な希望を抱《いだ》き続けたい。未来の種は、必ず現在の中にその芽が隠されているものだ。アイデア力、企画力、起業力、構想力のある人材が続々と生まれ続けることを心から望むものである。外国から文化を移入するだけでなく、日本から未来の学問を移出し、また海外からも多くの留学生が学びに来る姿を心に描《えが》く毎日である。

二〇一三年　十月二十九日

幸福《こうふく》の科学《かがく》グループ創始者兼総裁《そうししゃけんそうさい》

幸福《こうふく》の科学大学創立者《かがくだいがくそうりつしゃ》　大川隆法《おおかわりゅうほう》

『「未来産業学」とは何か』大川隆法著作関連書籍

『太陽の法』（幸福の科学出版刊）
『不滅の法』（同右）
『神秘の法』（同右）
『教育の使命』（同右）
『幸福の科学学園の未来型教育』（同右）
『真のエリートを目指して』（同右）
『新しき大学の理念』（同右）
『「人間幸福学」とは何か』（同右）

「未《み》来《らい》産《さん》業《ぎょう》学《がく》」とは何《なに》か

――未来文明の源流を創造する――

2013年11月14日　初版第1刷

著　者　　大《おお》　川《かわ》　隆《りゅう》　法《ほう》

発行所　　幸福の科学出版株式会社

〒107-0052 東京都港区赤坂2丁目10番14号

TEL(03)5573-7700

http://www.irhpress.co.jp/

印刷・製本　株式会社 堀内印刷所

落丁・乱丁本はおとりかえいたします

ISBN978-4-86395-407-6 C0030

写真：読売新聞アフロ／AP アフロ

大川隆法ベストセラーズ・「幸福の科学大学」が目指すもの

新しき大学の理念

「幸福の科学大学」がめざすニュー・フロンティア

2015年、開学予定の「幸福の科学大学」。日本の大学教育に新風を吹き込む「新時代の教育理念」とは? 創立者・大川隆法が、そのビジョンを語る。

- **現代日本に新しい大学を創る意義について**
- **「人間幸福学部」がめざすもの**
- **「未来産業学部」が拓く未来とは**
- **新時代のリーダーに「宗教」は必須科目** ほか

1,400円

「経営成功学」とは何か

百戦百勝の新しい経営学

経営者を育てない日本の経営学!? アメリカをダメにしたMBA――!? 幸福の科学大学の「経営成功学」に託された経営哲学のニュー・フロンティアとは。

- **「経営に勝つための哲学」を身につける**
- **大銀行のドラマに見る、経営者の「人物」の見分け方**
- **経営者が「リスク」を乗り越えて成功するには**
- **大学で「経営成功学」を学ぶ意義とは** ほか

1,500円

※表示価格は本体価格(税別)です。

大川隆法ベストセラーズ・「幸福の科学大学」が目指すもの

「人間幸福学」とは何か

人類の幸福を探究する新学問

「人間の幸福」という観点から、あらゆる学問を再検証し、再構築する――。数千年の未来に向けて開かれていく学問の源流がここにある。

- **あらゆる学問を統括する「人間幸福学」**
- **「科学」をコントロールする理念の必要性**
- **「宗教の教義」と「学問」との違いは何か**
- **未来に向けて開かれた学問体系をつくる** ほか

1,500円

宗教学から観た「幸福の科学」学・入門

立宗27年目の未来型宗教を分析する

幸福の科学とは、どんな宗教なのか。教義や活動の特徴とは? 他の宗教との違いとは? 総裁自らが、宗教学の見地から「幸福の科学」を分析する。

- **「幸福の科学」の名に込められた趣旨**
- **70年代、80年代に発祥した新宗教の分析**
- **資本主義、民主主義を肯定する発展型宗教**
- **世界宗教・幸福の科学の可能性** ほか

1,500円

大川隆法ベストセラーズ・理想の教育を目指して

教育の法

信仰と実学の間で

深刻ないじめ問題の実態と解決法や、尊敬される教師の条件、親が信頼できる学校のあり方など、教育を再生させる方法が示される。

1,800円

教育の使命

世界をリードする人材の輩出を

わかりやすい切り口で、幸福の科学の教育思想が語られた一書。イジメ問題や、教育荒廃に対する最終的な答えが、ここにある。

1,800円

幸福の科学学園の未来型教育

「徳ある英才」の輩出を目指して

幸福の科学学園の大きな志と、素晴らしい実績について、創立者が校長たちと語りあった──。未来型教育の理想がここにある。

1,400円

※表示価格は本体価格(税別)です。

大川隆法ベストセラーズ・希望の未来を切り拓く

未来の法

新たなる地球世紀へ

暗い世相に負けるな！ 悲観的な自己像に縛られるな！ 心に眠る無限のパワーに目覚めよ！ 人類の未来を拓く鍵は、一人ひとりの心のなかにある。

2,000円

Power to the Future

未来に力を

英語説法集
日本語訳付き

予断を許さない日本の国防危機。混迷を極める世界情勢の行方——。ワールド・ティーチャーが英語で語った、この国と世界の進むべき道とは。

1,400円

されど光はここにある

天災と人災を超えて

被災地・東北で説かれた説法を収録。東日本大震災が日本に遺した教訓とは。悲劇を乗り越え、希望の未来を創りだす方法が綴られる。

1,600円

幸福の科学出版

大川隆法ベストセラーズ・「大川隆法」の魅力を探る

大川隆法の守護霊霊言

ユートピア実現への挑戦

あの世の存在証明による霊性革命、正論と神仏の正義による政治革命。幸福の科学グループ創始者兼総裁の本心が、ついに明かされる。

- 「日本国憲法」の問題点
- 「幸福実現党」の立党趣旨
- 「宗教革命」と「政治革命」
- 大川隆法の「人生計画」の真相 ほか

1,400円

政治革命家・大川隆法

幸福実現党の父

未来が見える。嘘をつかない。タブーに挑戦する──。政治の問題を鋭く指摘し、具体的な打開策を唱える幸福実現党の魅力が分かる万人必読の書。

- 「リーダーシップを取れる国」日本へ
- 国力を倍増させる「国家経営」の考え方
- 「時代のデザイナー」としての使命
- 「自由」こそが「幸福な社会」を実現する ほか

1,400円

大川隆法 霊言シリーズ・最新刊

公開霊言
スティーブ・ジョブズ
衝撃の復活

英語霊言
日本語訳付き

世界を変えたければ、シンプルであれ。そしてクレージーであれ。その創造性によって世界を変えたジョブズ氏が、霊界からスペシャル・メッセージ。

2,700円

潘《バン》基《キ》文《ムン》国連事務総長の
守護霊インタビュー

英語霊言
日本語訳付き

「私が考えているのは、韓国の利益だけだ。次は、韓国の大統領になる」──。国連トップ・潘氏守護霊が明かす、その驚くべき本心とは。

1,400円

吉田松陰は
安倍政権をどう見ているか

靖国参拝の見送り、消費税の増税決定── めざすはポピュリズムによる長期政権？ 安倍総理よ、志や信念がなければ、国難は乗り越えられない！

【幸福実現党刊】

1,400円

※表示価格は本体価格（税別）です。

大川隆法霊言シリーズ・最新刊

「WiLL」花田編集長守護霊による「守護霊とは何か」講義

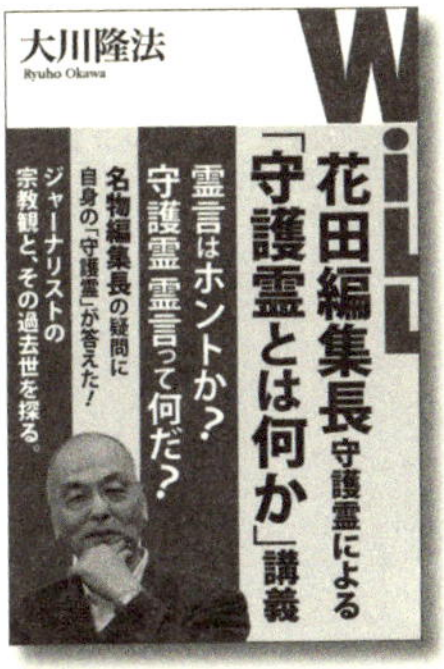

霊言がわからない――。誰もが知りたい疑問にジャーナリストの守護霊が答える！ 宗教に対する疑問から本人の過去世までを、赤裸々に語る。

1,400円

伊邪那岐《いざなぎ》・伊邪那美《いざなみ》の秘密に迫る

日本神話の神々が語る「古代史の真実」

国生み神話の神々が語る、その隠された真実とは……。『古事記』『日本書紀』ではわからない、古代日本の新事実がついに明かされる。

1,400円

アサド大統領のスピリチュアル・メッセージ

英語霊言
日本語訳付き

混迷するシリア問題の真相を探るため、アサド大統領の守護霊霊言に挑む――。恐るべき独裁者の実像が明らかに！

1,400円

幸福の科学出版

幸福の科学大学の魅力

1 夢にチャレンジする大学

今世《こんぜ》の「使命」と「志《こころざし》」の発見をサポートし、学生自身の個性や強みに基づいた人生計画の設計と実現への道筋を明確に描きます。

2 真の教養を身につける大学

仏法真理を徹底的に学びつつ心の修行を重ね、魂の器《うつわ》を広げます。仏法真理を土台に、正しい価値判断ができる真の教養人を目指します。

3 実戦力を鍛える大学

実戦《じっせん》レベルまで専門知識を高め、第一線で活躍するリーダーと交流を持つことによって、現場感覚や実戦力を鍛《きた》え、成果を伴《ともな》う学問を究《きわ》めます。

4 世界をひとつにする大学

自分の意見や考えを英語で伝える発信力を身につけ、宗教や文化の違いを越えて、人々を魂レベルで感化《かんか》できるグローバル・リーダーを育てます。

5 未来を創造する大学

未来社会や未来産業の姿を描き、そこから実現に必要な新発見・新発明を導き出します。過去の思想や学問を総決算し、新文明の創造を目指します。

校舎棟の正面

学生寮

大学完成イメージ

Noblesse《ノーブレス》 Oblige《オブリージ》

「高貴なる義務」を果たす、
「真のエリート」を目指せ。

幸福の科学学園

中学校・高等学校(那須本校)

Happy Science Academy Junior and Senior High School

私は、
教育が人間を創ると
信じている一人である。
若い人たちに、
夢とロマンと、精進、
勇気の大切さを伝えたい。
この国を、全世界を、
ユートピアに変えていく力を
出してもらいたいのだ。

（幸福の科学学園 創立記念碑より）

幸福の科学学園 創立者
大川隆法

幸福の科学学園（那須本校）は、幸福の科学の教育理念のもとにつくられた、男女共学、全寮制の中学校・高等学校です。自由闊達な校風のもと、「高度な知性」と「徳育」を融合させ、社会に貢献するリーダーの養成を目指しており、2013年4月には開校三周年を迎えました。

Noblesse《ノーブレス》 Oblige《オブリージ》

「高貴なる義務」を果たす、
「真のエリート」を目指せ。

2013年 春 開校

幸福の科学学園
関西中学校・高等学校

Happy Science Academy
Kansai Junior and Senior High School

私は日本に
真のエリート校を創り、
世界の模範としたい
という気概に満ちている。
『幸福の科学学園』は、
私の『希望』であり、
『宝』でもある。
世界を変えていく、
多才かつ多彩な人材が、
今後、数限りなく
輩出されていくことだろう。

（幸福の科学学園関西校 創立記念碑より）

幸福の科学学園 創立者
大川隆法

滋賀県大津市、美しい琵琶湖の西岸に建つ幸福の科学学園（関西校）は、男女共学、通学も入寮も可能な中学校・高等学校です。発展・繁栄を校風とし、宗教教育や企業家教育を通して、学力と企業家精神、徳力を備えた、未来の世界に責任を持つ「世界のリーダー」を輩出することを目指しています。

幸福の科学学園・教育の特色

「徳ある英才」の創造

教科「宗教」で真理を学び、行事や部活動、寮を含めた学校生活全体で実修して、ノーブレス・オブリージ(高貴なる義務)を果たす「徳ある英才」を育てていきます。

天分を伸ばす「創造性教育」

教科「探究創造」で、偉人学習に力を入れると共に、日本文化や国際コミュニケーションなどの教養教育を施すことで、各自が自分の使命・理想像を発見できるよう導きます。さらに高大連携教育で、知識のみならず、知識の応用能力も磨き、企業家精神も養成します。芸術面にも力を入れます。

一人ひとりの進度に合わせた「きめ細やかな進学指導」

熱意溢れる上質の授業をベースに、一人ひとりの強みと弱みを分析して対策を立てます。強みを伸ばす「特別講習」や、弱点を分かるところまでさかのぼって克服する「補講」や「個別指導」で、第一志望に合格する進学指導を実現します。

自立心と友情を育てる「寮制」

寮は、真なる自立を促し、信じ合える仲間をつくる場です。親元を離れ、団体生活を送ることで、縦・横の関係を学び、力強い自立心と友情、社会性を養います。

幸福の科学学園の進学指導

1 英数先行型授業

受験に大切な英語と数学を特に重視。「わかる」(解法理解)まで教え、「できる」(解法応用)、「点がとれる」(スピード訓練)まで繰り返し演習しながら、高校三年間の内容を高校二年までにマスター。高校二年からの文理別科目も余裕で仕上げられる効率的学習設計です。

2 習熟度別授業

英語・数学は、中学一年から習熟度別クラス編成による授業を実施。生徒のレベルに応じてきめ細やかに指導します。各教科ごとに作成された学習計画と、合格までのロードマップに基づいて、大学受験に向けた学力強化を図ります。

3 基礎力強化の補講と個別指導

基礎レベルの強化が必要な生徒には、放課後や夕食後の時間に、英数中心の補講を実施。特に数学においては、授業の中で行われる確認テストで合格に満たない場合は、できるまで徹底した補講を行います。さらに、カフェテリアなどでの質疑対応の形で個別指導も行います。

4 特別講習

夏期・冬期の休業中には、中学一年から高校二年まで、特別講習を実施。中学生は国・数・英の三教科を中心に、高校一年からは五教科でそれぞれ実力別に分けた講座を開講し、実力養成を図ります。高校二年からは、春期講習会も実施し、大学受験に向けて、より強化します。

5 幸福の科学大学(仮称・設置認可申請予定)への進学

二〇一五年四月開学予定の幸福の科学大学への進学を目指す生徒を対象に、推薦制度を設ける予定です。留学用英語や専門基礎の先取りなど、社会で役立つ学問の基礎を指導します。

授業の様子

詳しい内容、パンフレット、募集要項のお申し込みは下記まで。

幸福の科学学園 関西中学校・高等学校

〒520-0248
滋賀県大津市仰木の里東2-16-1
TEL.077-573-7774
FAX.077-573-7775
[公式サイト]
www.kansai.happy-science.ac.jp
[お問い合わせ]
info-kansai@happy-science.ac.jp

幸福の科学学園 中学校・高等学校

〒329-3434
栃木県那須郡那須町梁瀬 487-1
TEL.0287-75-7777
FAX.0287-75-7779
[公式サイト]
www.happy-science.ac.jp
[お問い合わせ]
info-js@happy-science.ac.jp

仏法真理塾

サクセスNo.1

未来の菩薩を育て、仏国土ユートピアを目指す！

仏法真理塾「サクセスNo.1」とは

宗教法人幸福の科学による信仰教育の機関です。信仰教育・徳育にウエイトを置きつつ、将来、社会人として活躍するための学力養成にも力を注いでいます。

サクセスNo.1 東京本校（戸越精舎内）

「サクセスNo.1」のねらいには、「仏法真理と子どもの教育面での成長とを一体化させる」ということが根本にあるのです。

大川隆法総裁　御法話『サクセスNo.1』の精神」より

仏法真理塾「サクセスNo.1」の教育について

信仰教育が育む健全な心

御法話拝聴や祈願、経典の学習会などを通して、仏の子としての「正しい心」を学びます。

学業修行で学力を伸ばす

忍耐力や集中力、克己心を磨き、努力によって道を拓く喜びを体得します。

法友との交流で友情を築く

塾生同士の交流も活発です。お互いに信仰の価値観を共有するなかで、深い友情が育まれます。

●サクセスNo.1は全国に、本校・拠点・支部校を展開しています。

東京本校
TEL.03-5750-0747　FAX.03-5750-0737

名古屋本校
TEL.052-930-6389　FAX.052-930-6390

大阪本校
TEL.06-6271-7787　FAX.06-6271-7831

京滋本校
TEL.075-694-1777　FAX.075-661-8864

神戸本校
TEL.078-381-6227　FAX.078-381-6228

西東京本校
TEL.042-643-0722　FAX.042-643-0723

札幌本校
TEL.011-768-7734　FAX.011-768-7738

福岡本校
TEL.092-732-7200　FAX.092-732-7110

宇都宮本校
TEL.028-611-4780　FAX.028-611-4781

高松本校
TEL.087-811-2775　FAX.087-821-9177

沖縄本校
TEL.098-917-0472　FAX.098-917-0473

広島拠点
TEL.090-4913-7771　FAX.082-533-7733

岡山拠点
TEL.086-207-2070　FAX.086-207-2033

北陸拠点
TEL.080-3460-3754　FAX.076-464-1341

大宮拠点
TEL.048-778-9047　FAX.048-778-9047

全国支部校のお問い合わせは、
サクセスNo.1 東京本校（TEL. 03-5750-0747）まで。

メール info@success.irh.jp

エンゼルプランV

信仰教育をベースに、知育や創造活動も行っています。

信仰に基づいて、幼児の心を豊かに育む情操教育を行っています。また、知育や創造活動を通して、ひとりひとりの子どもの個性を大切に伸ばします。お母さんたちの心の交流の場ともなっています。

TEL 03-5750-0757　FAX 03-5750-0767
メール angel-plan-v@kofuku-no-kagaku.or.jp

ネバー・マインド

不登校の子どもたちを支援するスクール。

「ネバー・マインド」とは、幸福の科学グループの不登校児支援スクールです。「信仰教育」と「学業支援」「体力増強」を柱に、合宿をはじめとするさまざまなプログラムで、再登校へのチャレンジと、進路先の受験対策指導、生活リズムの改善、心の通う仲間づくりを応援します。

TEL 03-5750-1741　FAX 03-5750-0734
メール nevermind@happy-science.org

ユー・アー・エンゼル!(あなたは天使!)運動

障害児の不安や悩みに取り組み、ご両親を励まし、勇気づける、障害児支援のボランティア運動です。学生や経験豊富なボランティアを中心に、全国各地で、障害児向けの信仰教育を行っています。保護者向けには、交流会や、医療者・特別支援教育者による勉強会、メール相談を行っています。

TEL 03-5750-1741　FAX 03-5750-0734
メール you-are-angel@happy-science.org

シニア・プラン21

生涯反省で人生を再生・新生し、希望に満ちた生涯現役人生を生きる仏法真理道場です。週1回、開催される研修には、年齢を問わず、多くの方が参加しています。現在、全国8カ所（東京、名古屋、大阪、福岡、新潟、仙台、札幌、千葉）で開校中です。

東京校 TEL 03-6384-0778　FAX 03-6384-0779
メール senior-plan@kofuku-no-kagaku.or.jp